FLORES

LIBRO PARA COLOREAR

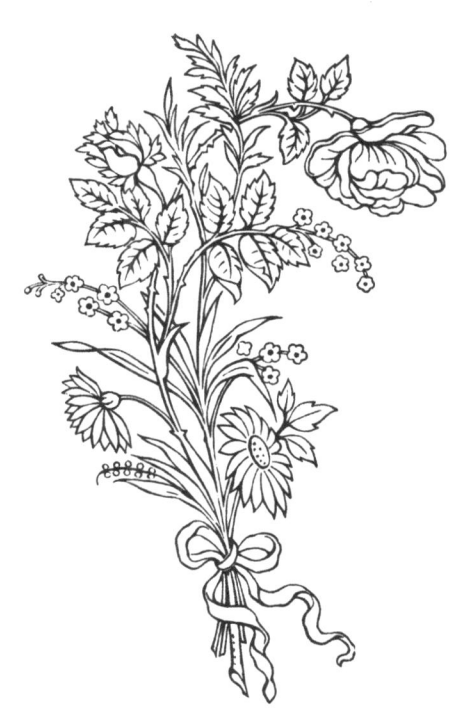

FLORES

LIBRO PARA COLOREAR

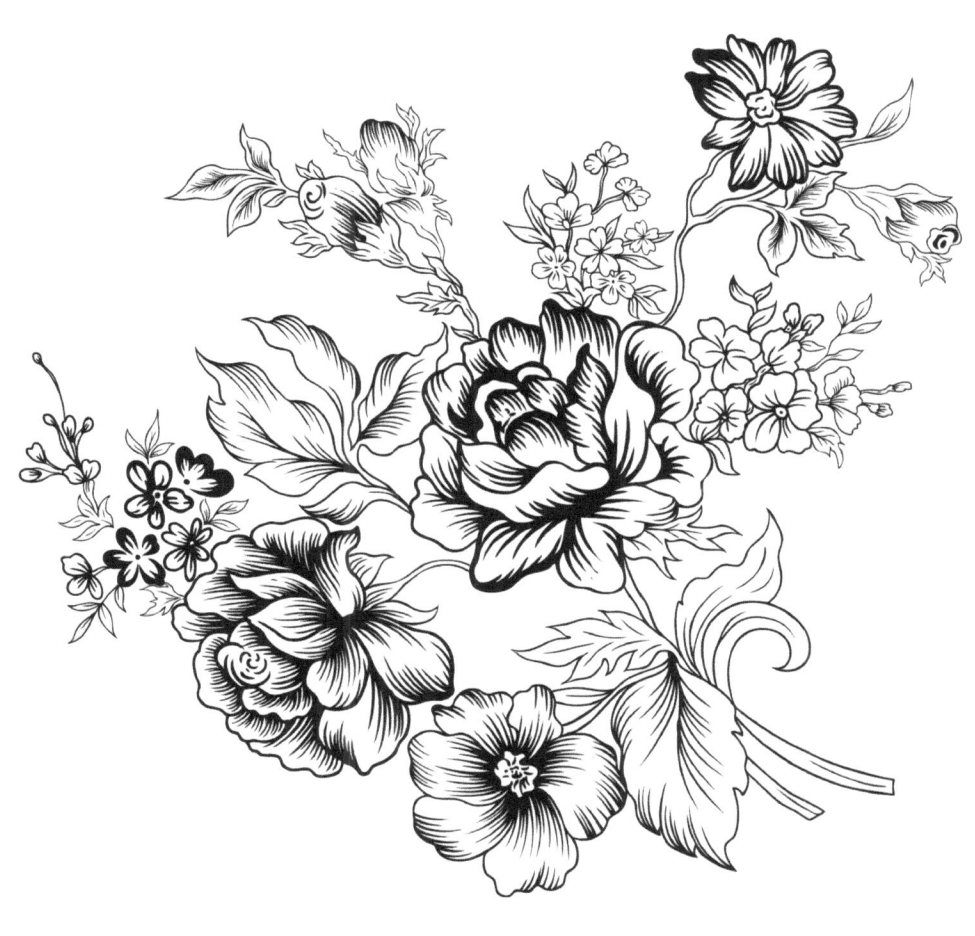

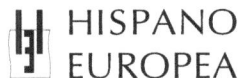 HISPANO EUROPEA

Título de la edición original: Flowers

Publicado por primera vez en lengua inglesa por:
© Arcturus Publishing Limited
26/27 Bickels Yard, 151–153 Bermondsey Street,
London SE1 3HA

© Arcturus Holdings Limited

© de la edición en castellano:
Editorial Hispano Europea, S. A.

E-mail: hispanoeuropea@hispanoeuropea.com

© de la traducción: Esther Gil

Consulte nuestra web:
www.hispanoeuropea.com

Depósito Legal: B. 21861-2014

ISBN: 978-84-255-2111-9

Segunda edición

Impreso en España

INTRODUCCIÓN

Con los contornos dibujados de este libro podrás crear preciosos dibujos de flores coloreándolos con lápices aunque también puedes emplear otros materiales como rotuladores.

Piensa bien qué colores vas a combinar para que las imágenes resulten armoniosas o, por el contrario, tengan un gran contraste de color. Recuerda que también tienes que considerar las tonalidades, ya que pueden marcar la diferencia entre un dibujo llamativo, con colores fuertes, y un dibujo más sutil y delicado.

Los lápices de colores no tienen tanta intensidad como los colores al óleo así que va muy bien añadir capas. Cuando utilices tonalidades más oscuras, no te limites a aplicar una sola capa de color. Los colores oscuros quedan mucho mejor si trabajas sobre la misma zona varias veces para lograr mayor intensidad de color. Por ejemplo, la mayoría de las zonas negras tienen un tono cálido o frío. Para lograrlo, hay que aplicar una capa de negro y después añadir otra capa de marrón oscuro o azul oscuro encima. Entonces, para las áreas en las que queramos conseguir aún más densidad, añadir otra capa superior de negro.

Cuando queramos lograr colores azules o rojos, añadiremos capas de diferentes azules y rojos para aumentar la intensidad. A veces, añadirle lila también hace que el azul o el morado logren más fuerza en el composición. Otras veces, una capa superior puede ser aplicada sin apretar mucho, sencillamente para modificar ligeramente la calidad del color.

Intenta hacer los trazos de los lápices en diferentes direcciones (cruzadas, en zigzag o en espiral) para que tu obra tenga una textura más interesante.

¡A disfrutar coloreando!

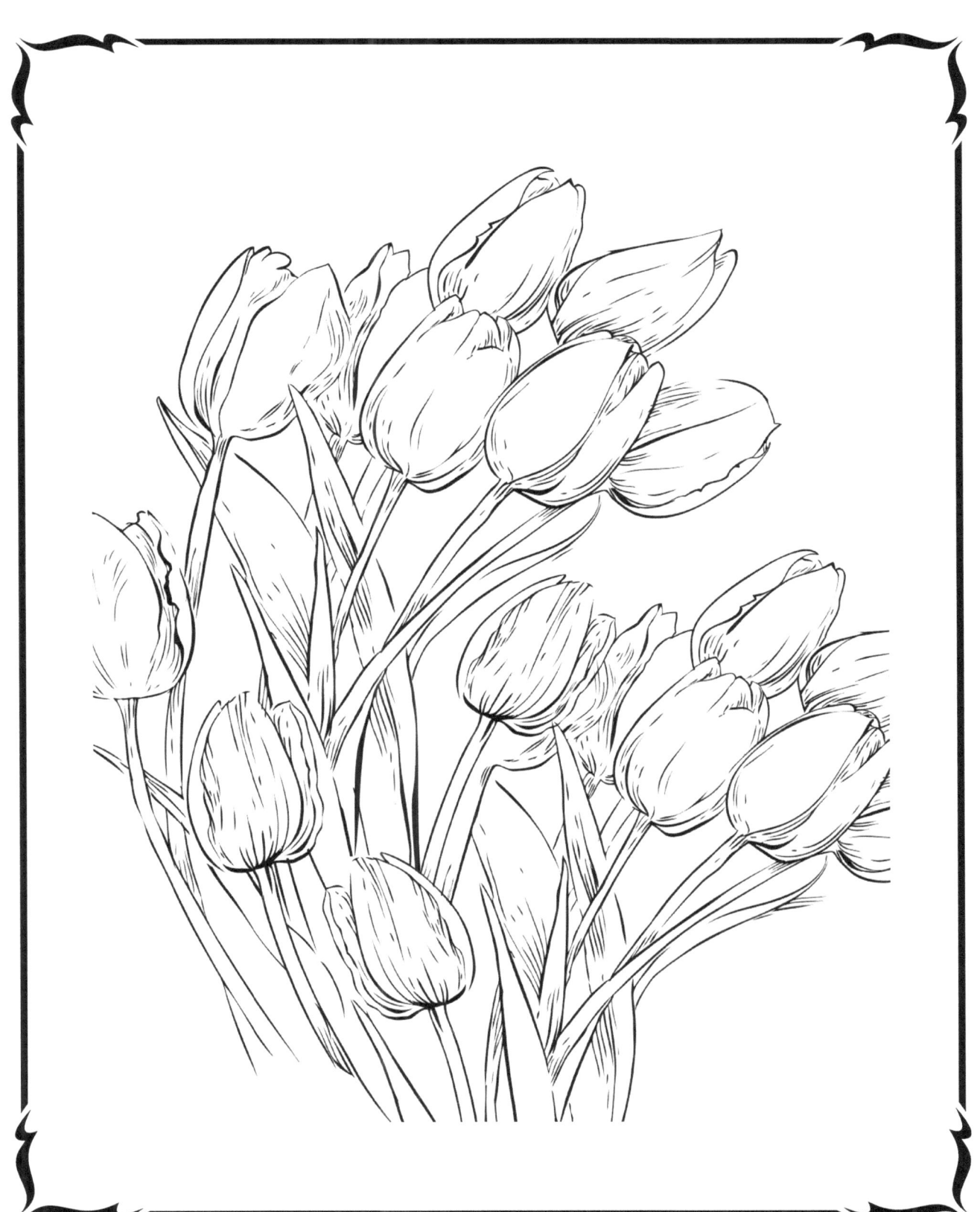

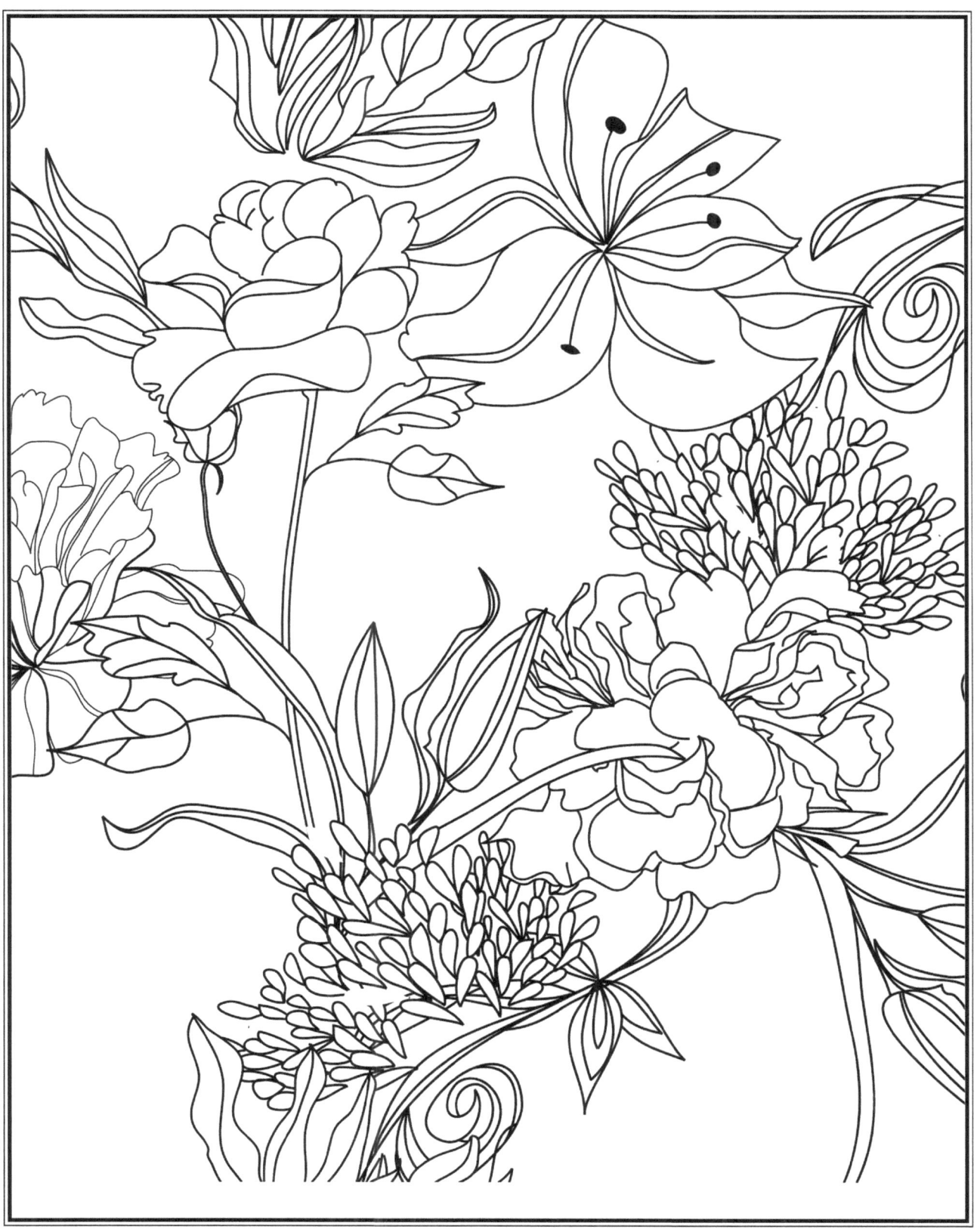

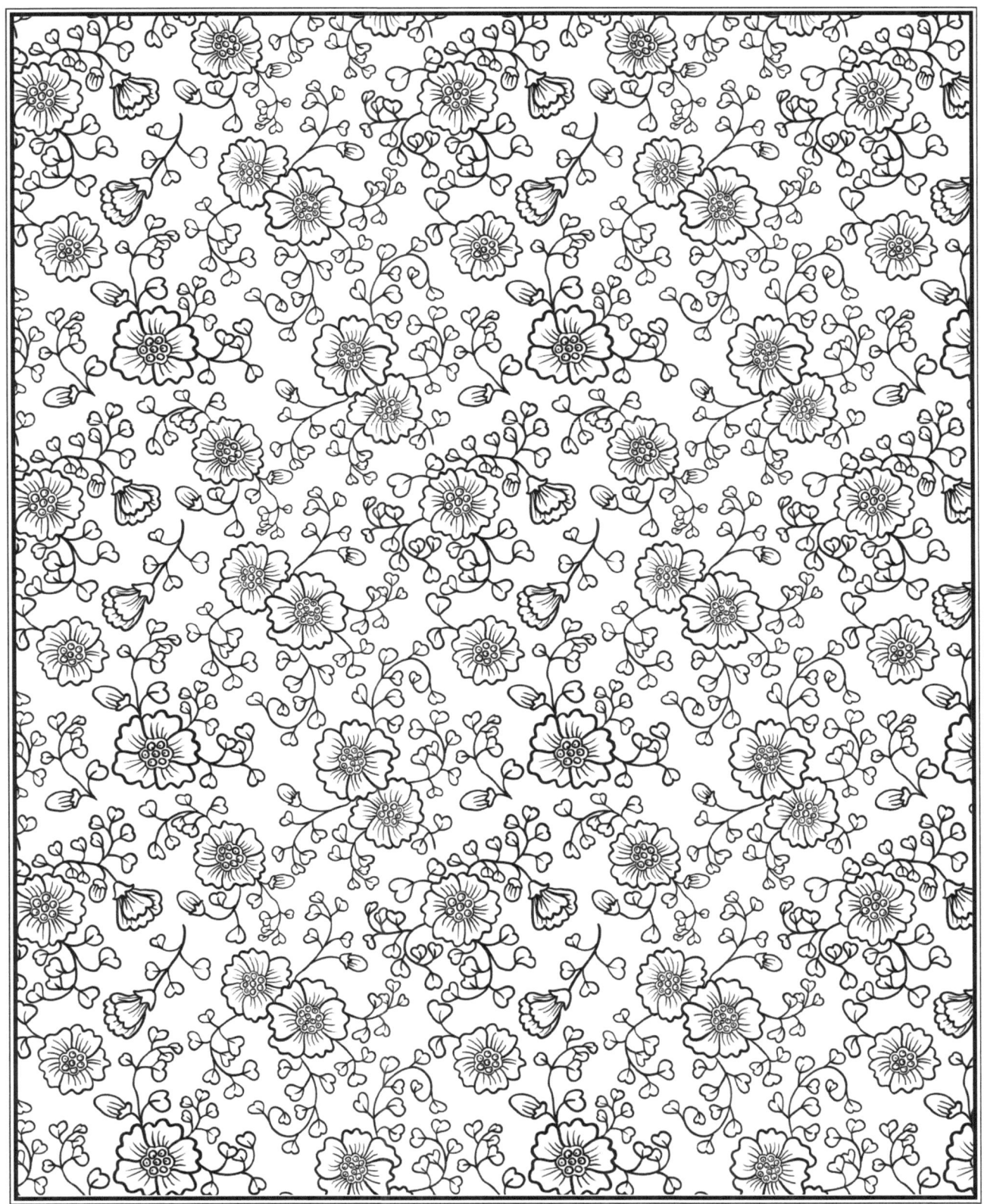

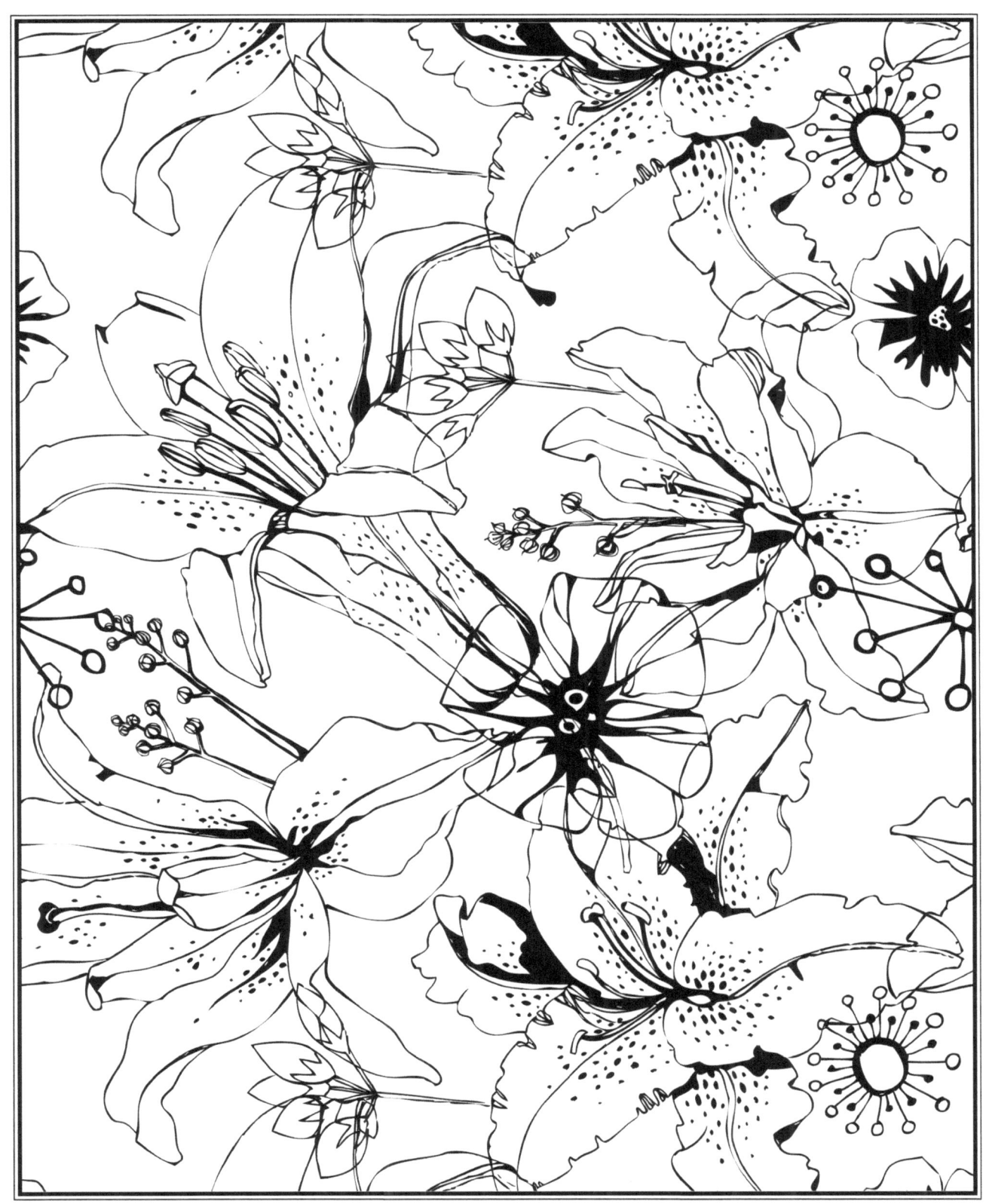

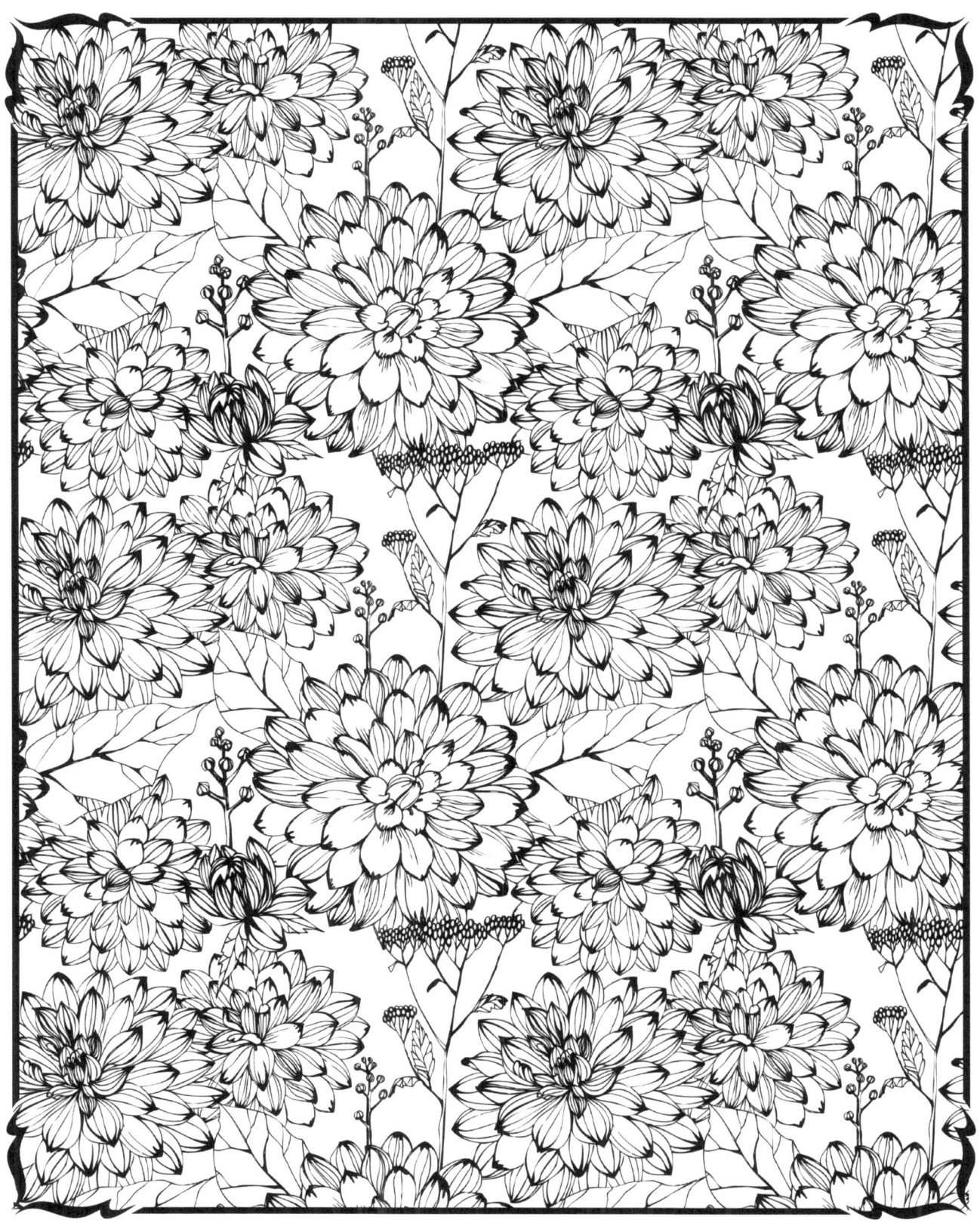

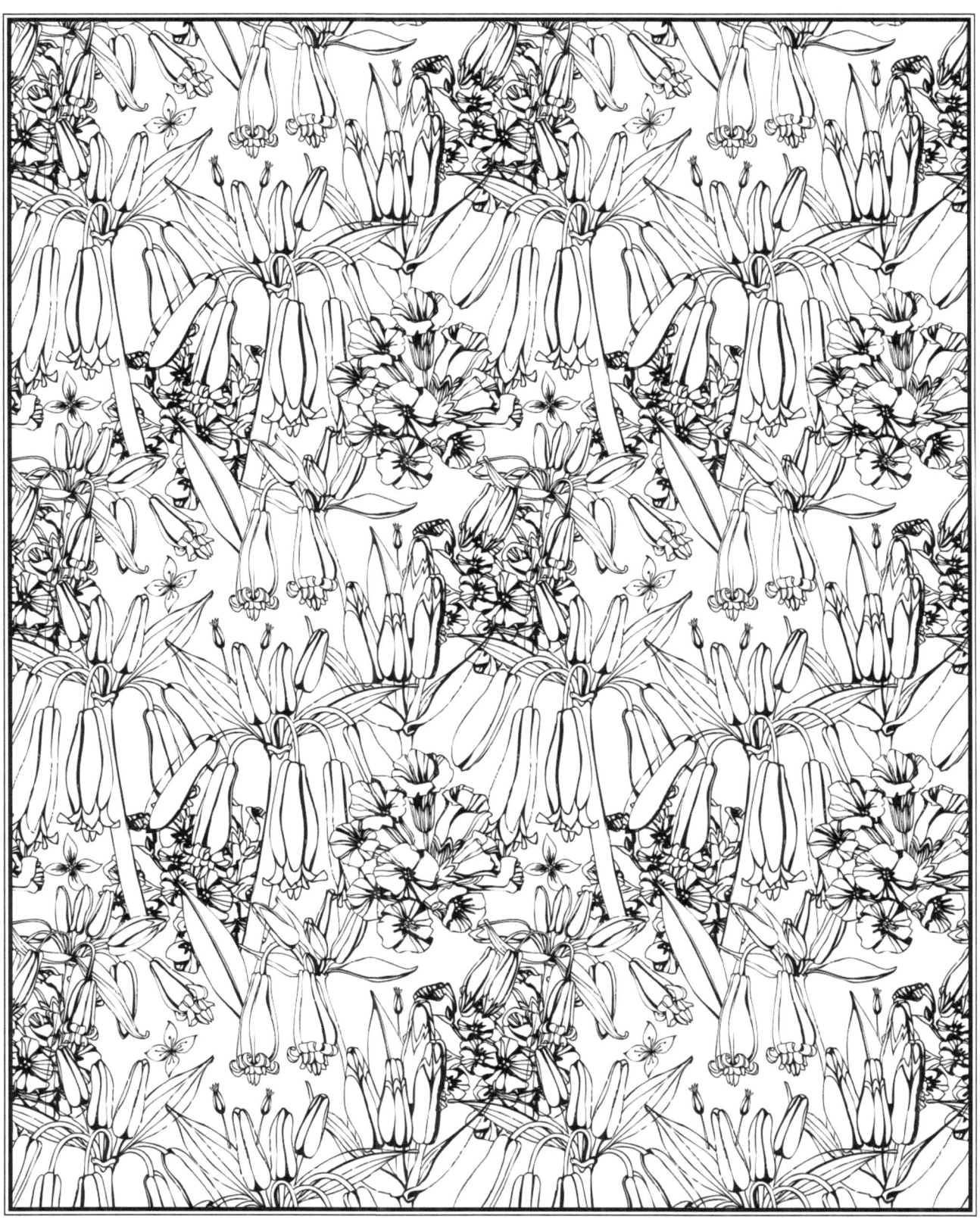

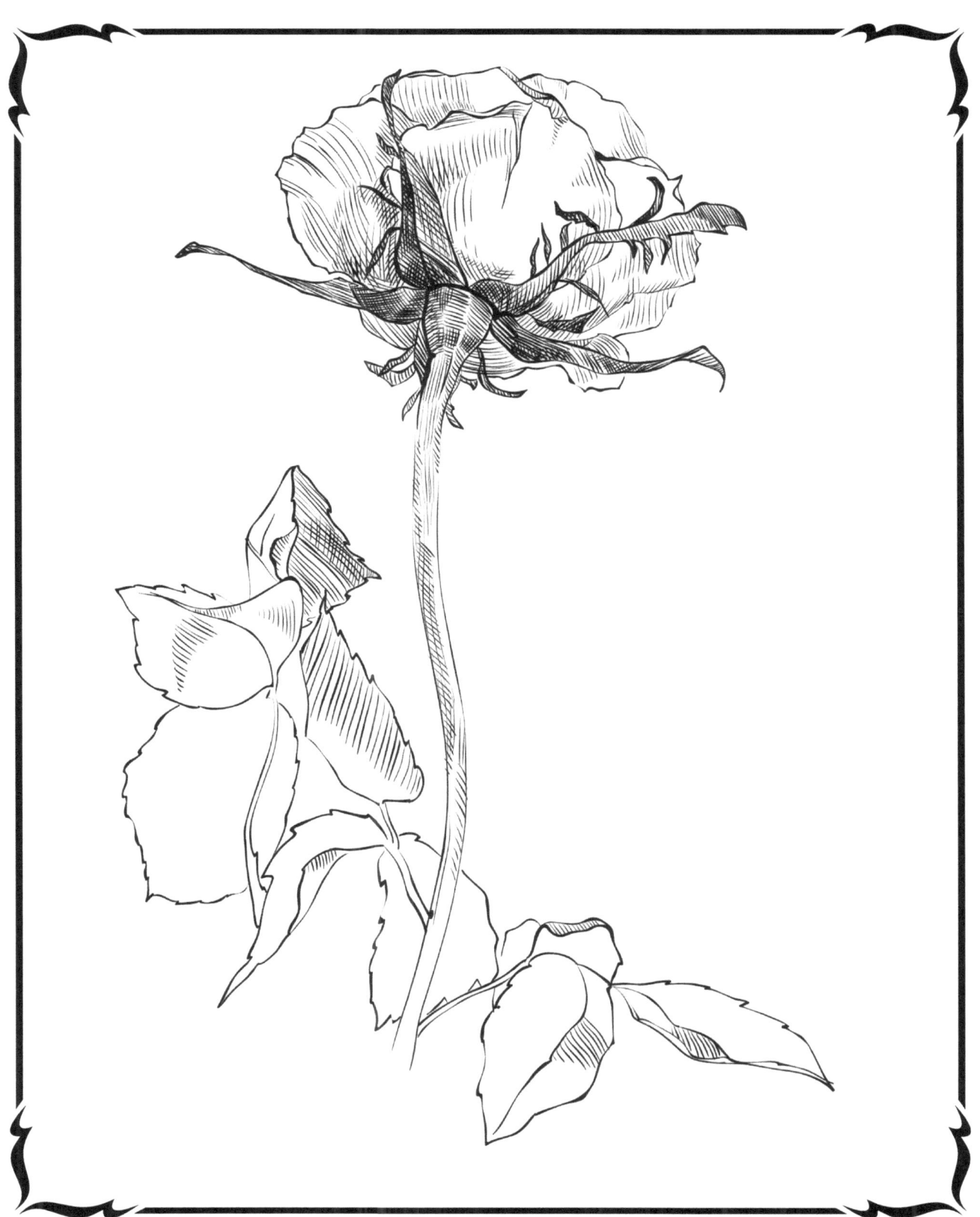

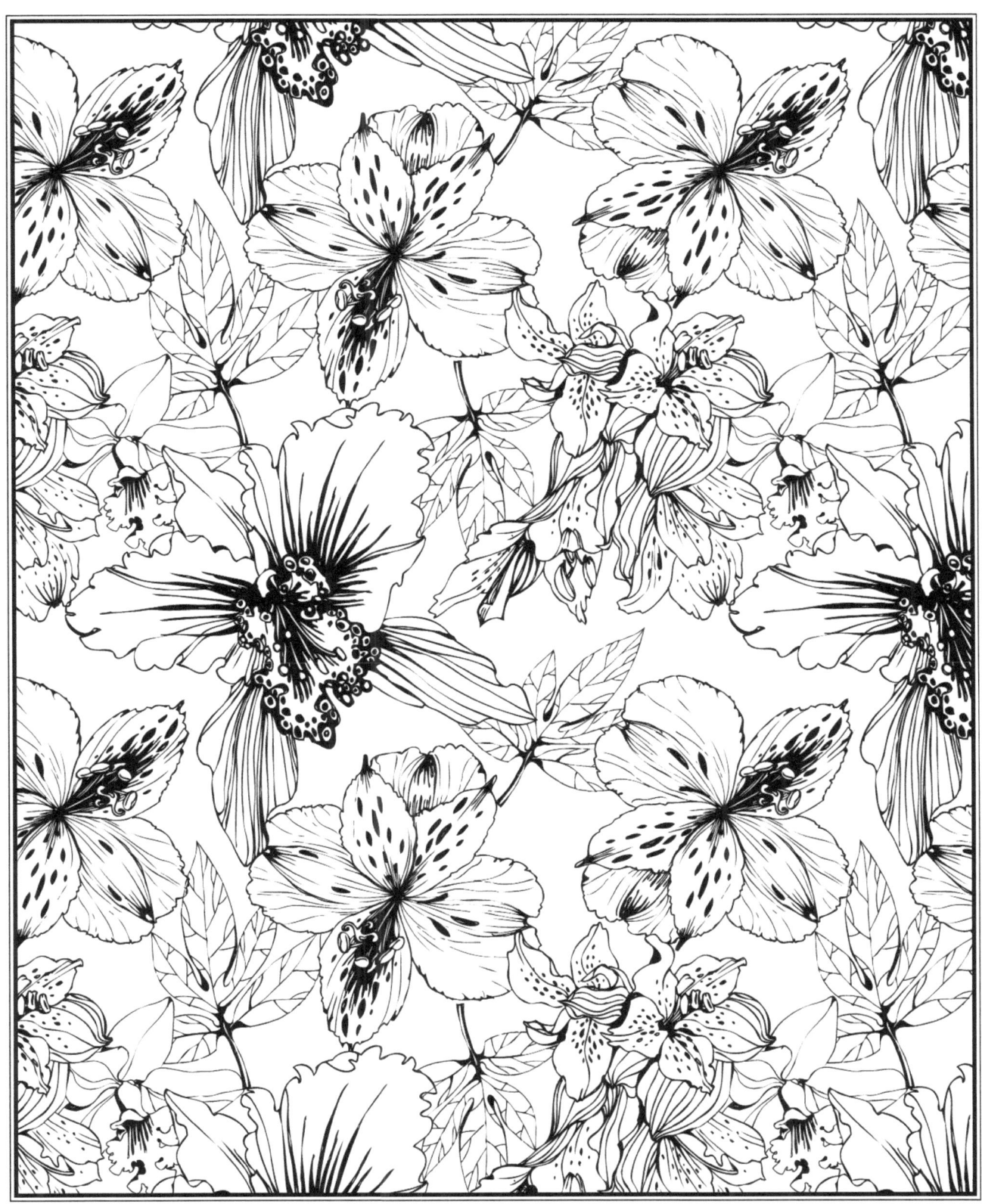

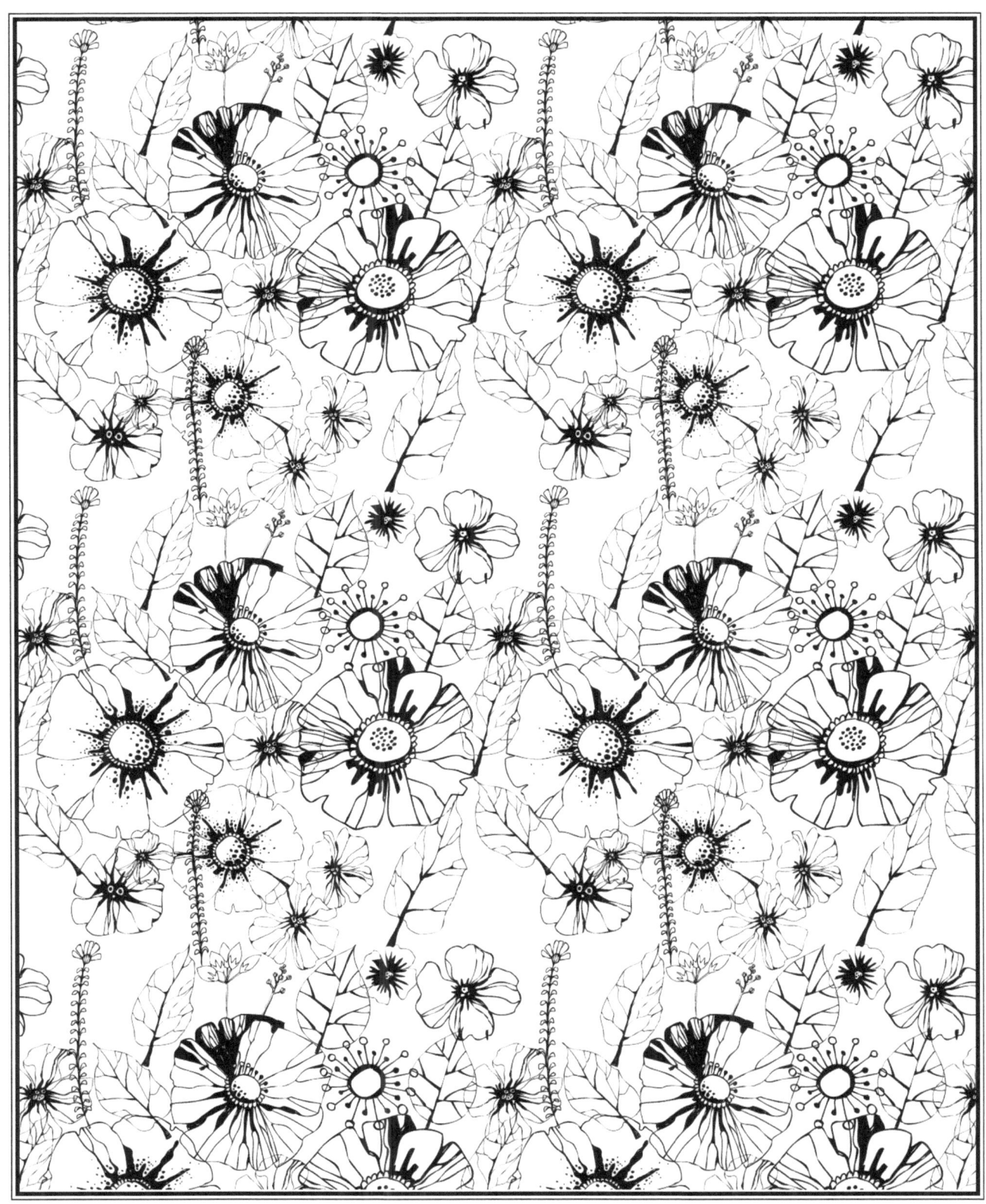

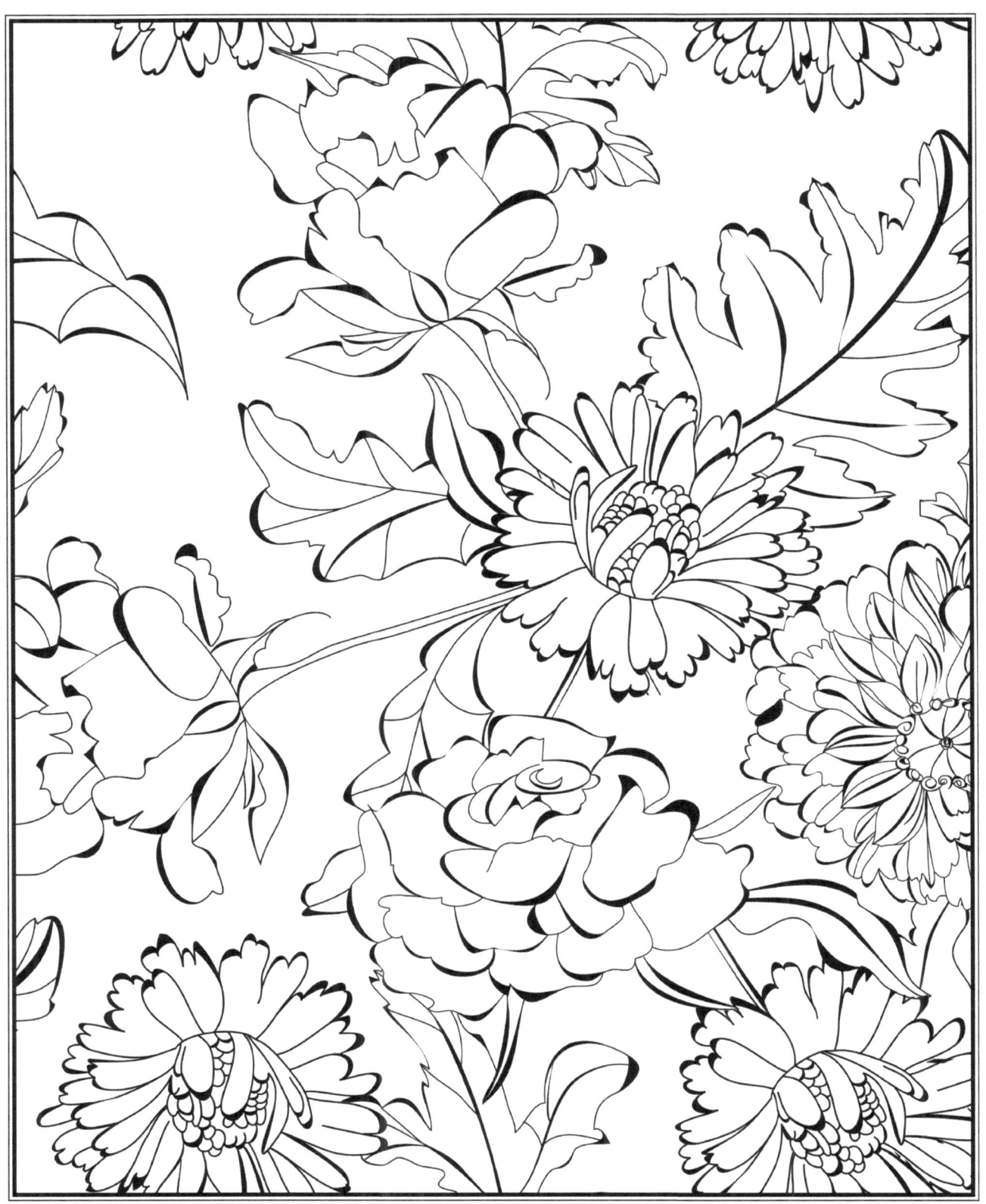

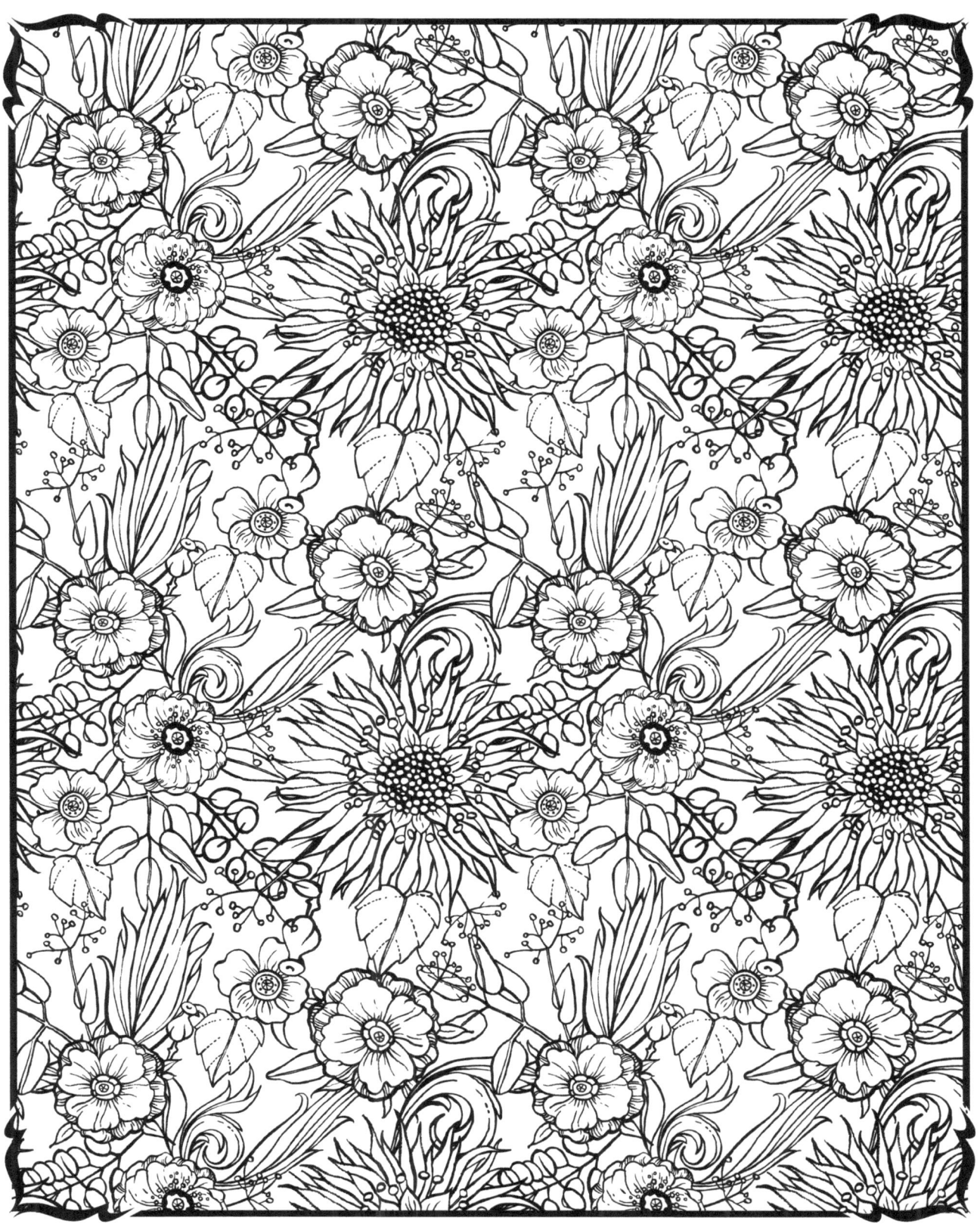

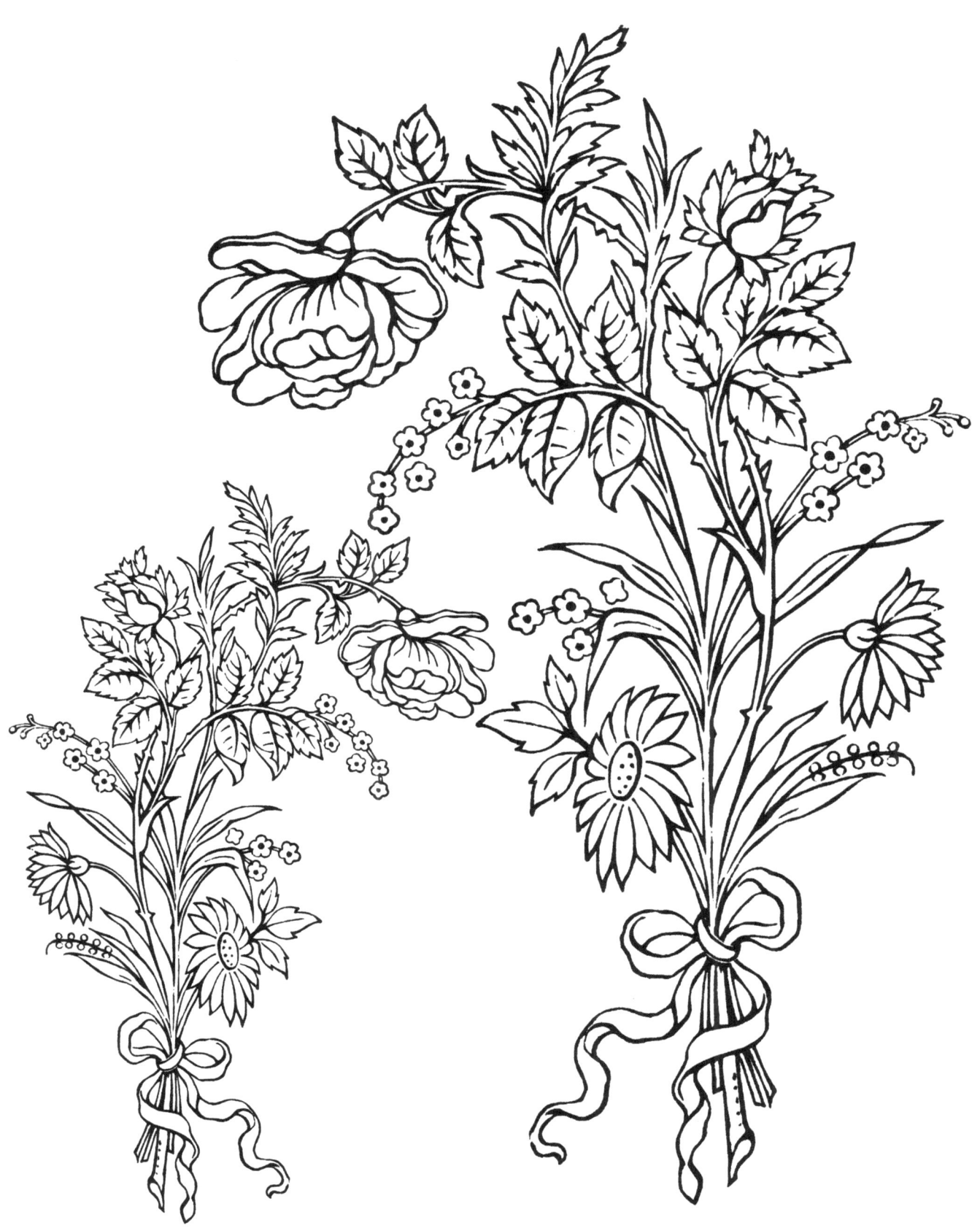

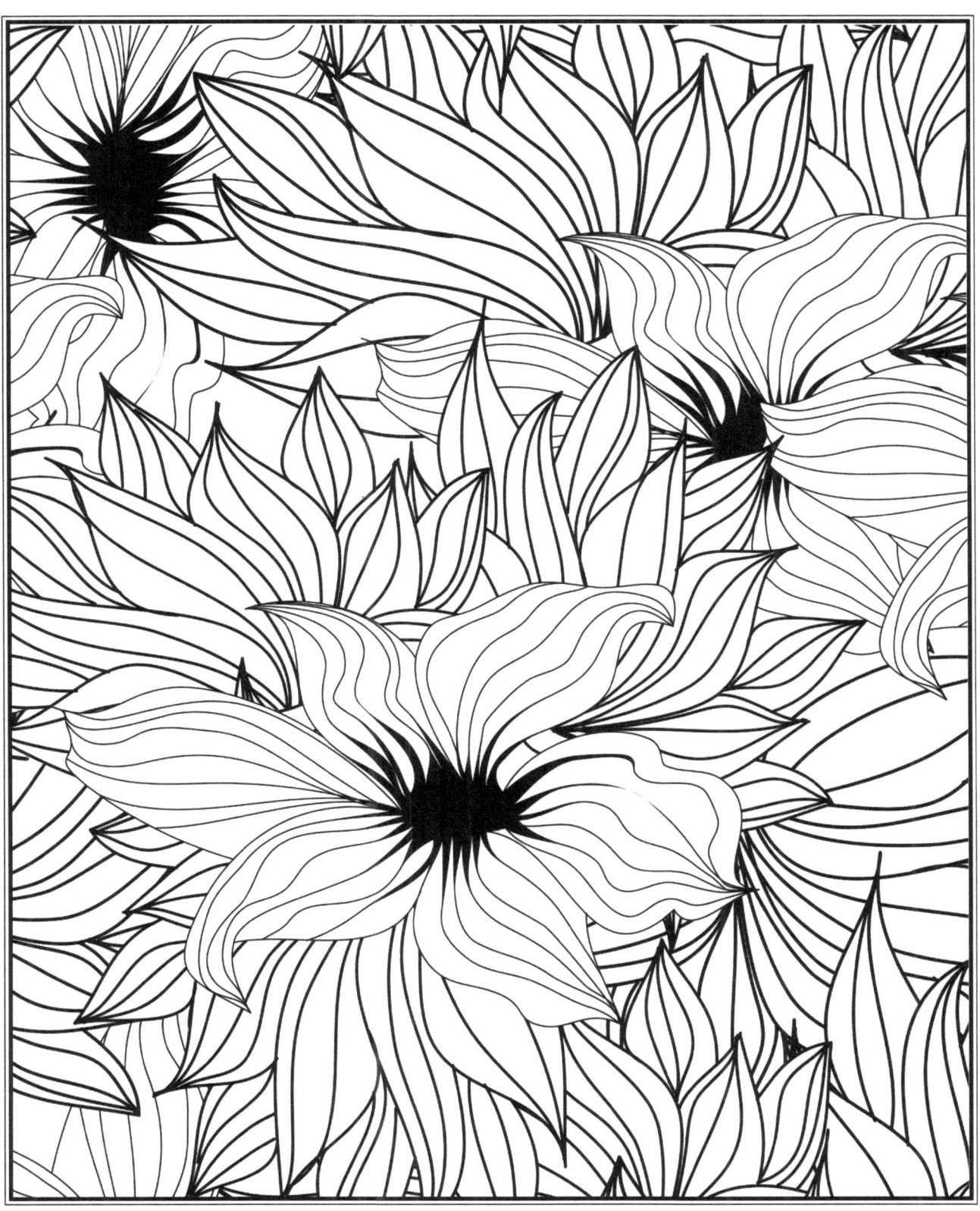

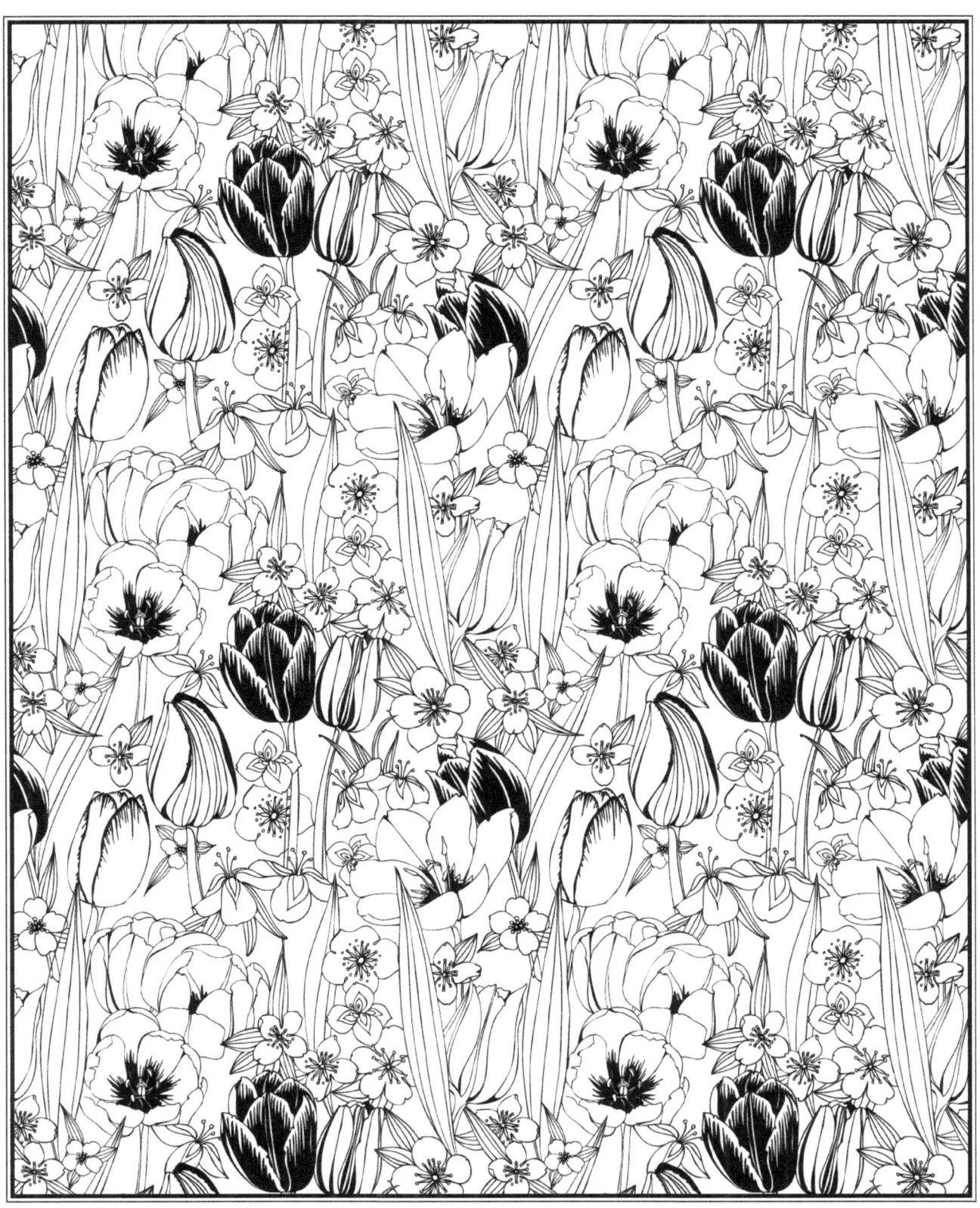

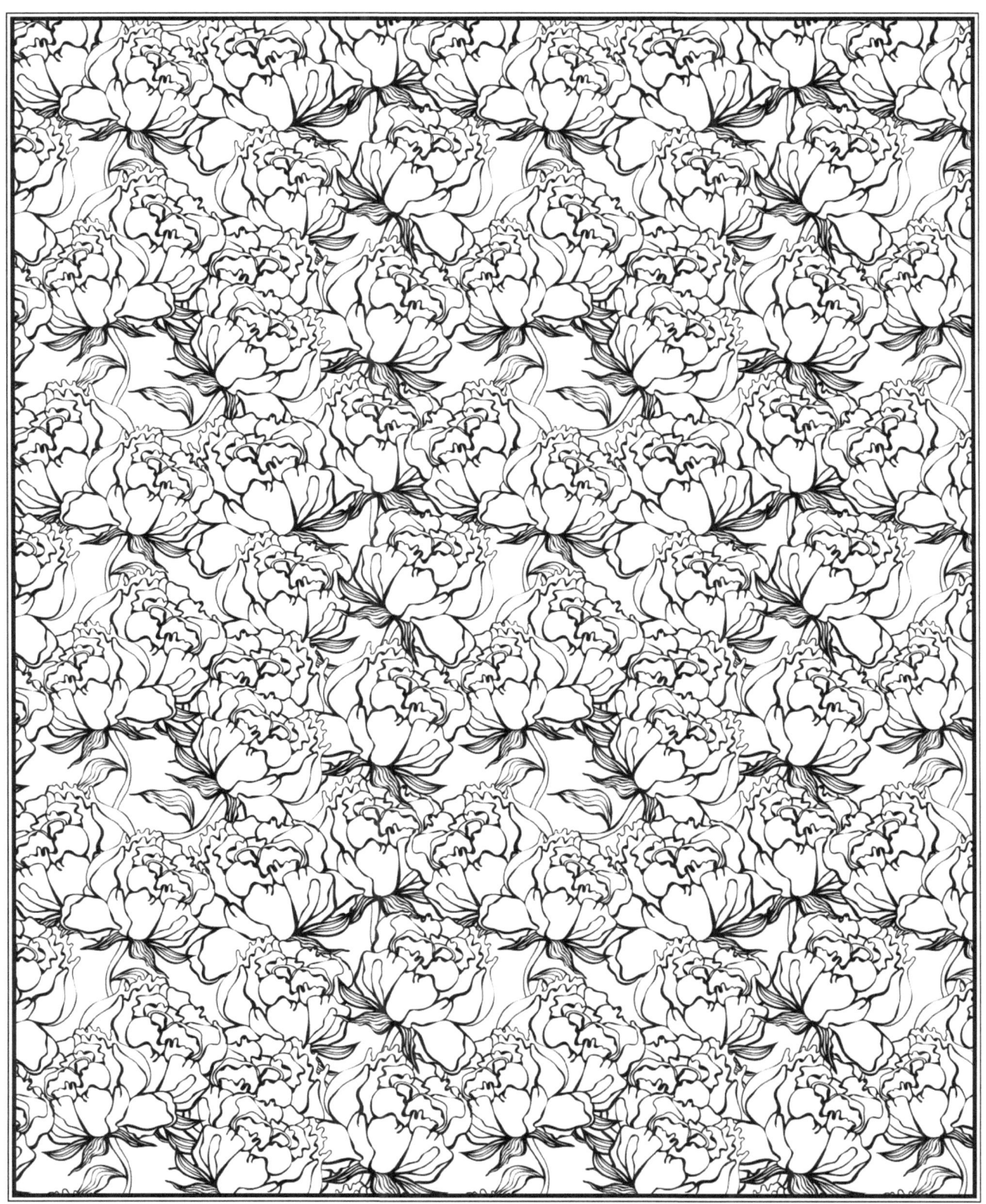

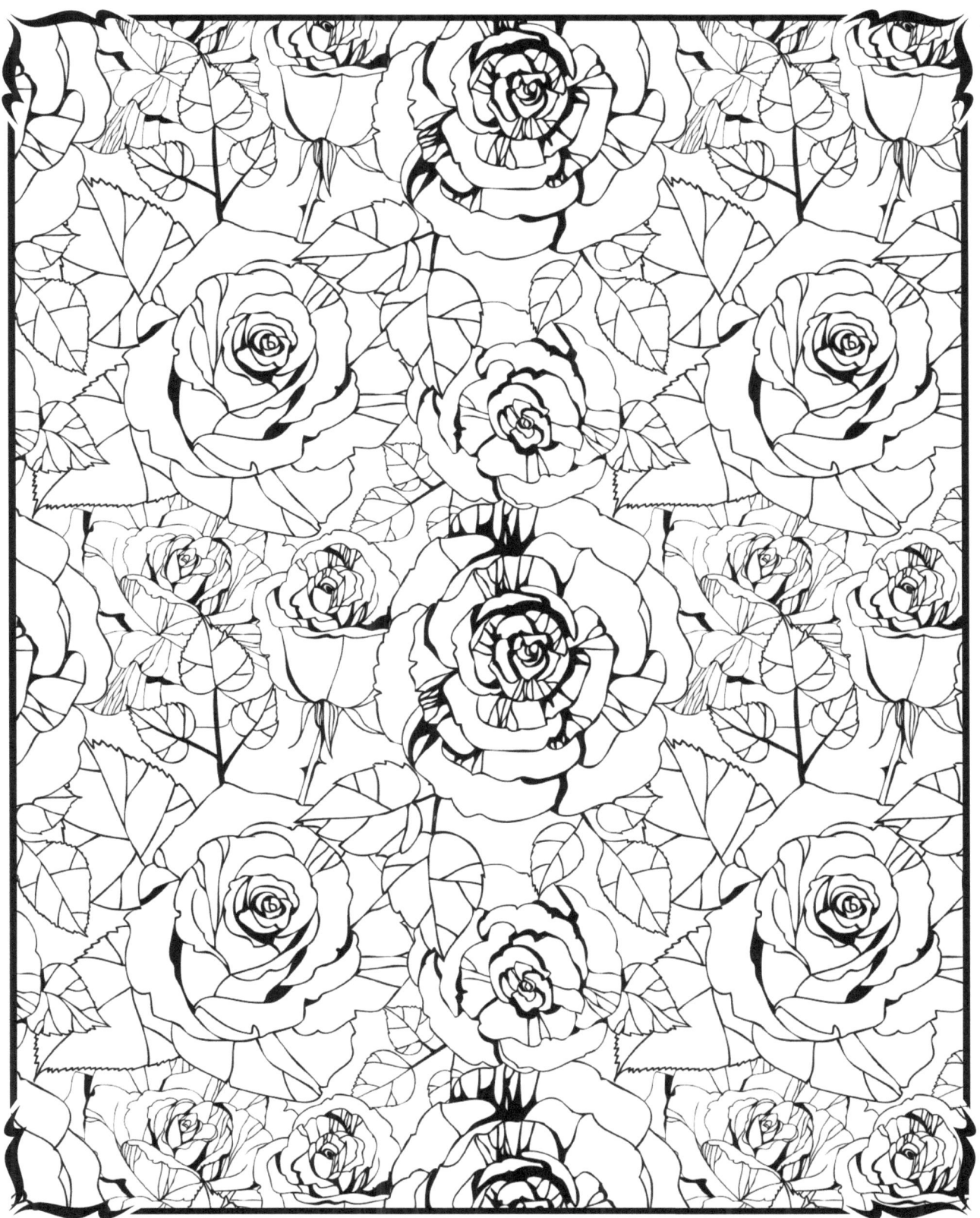

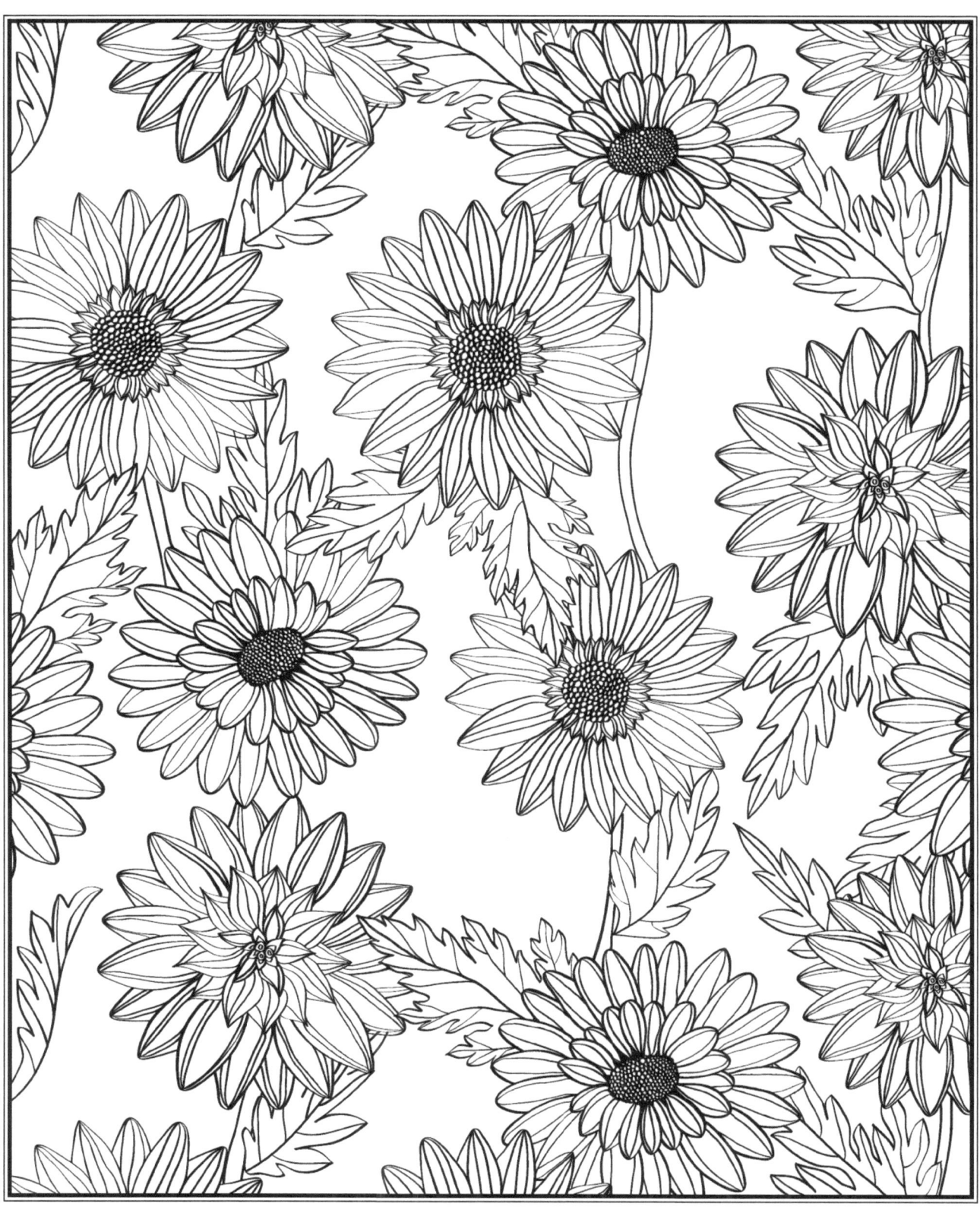

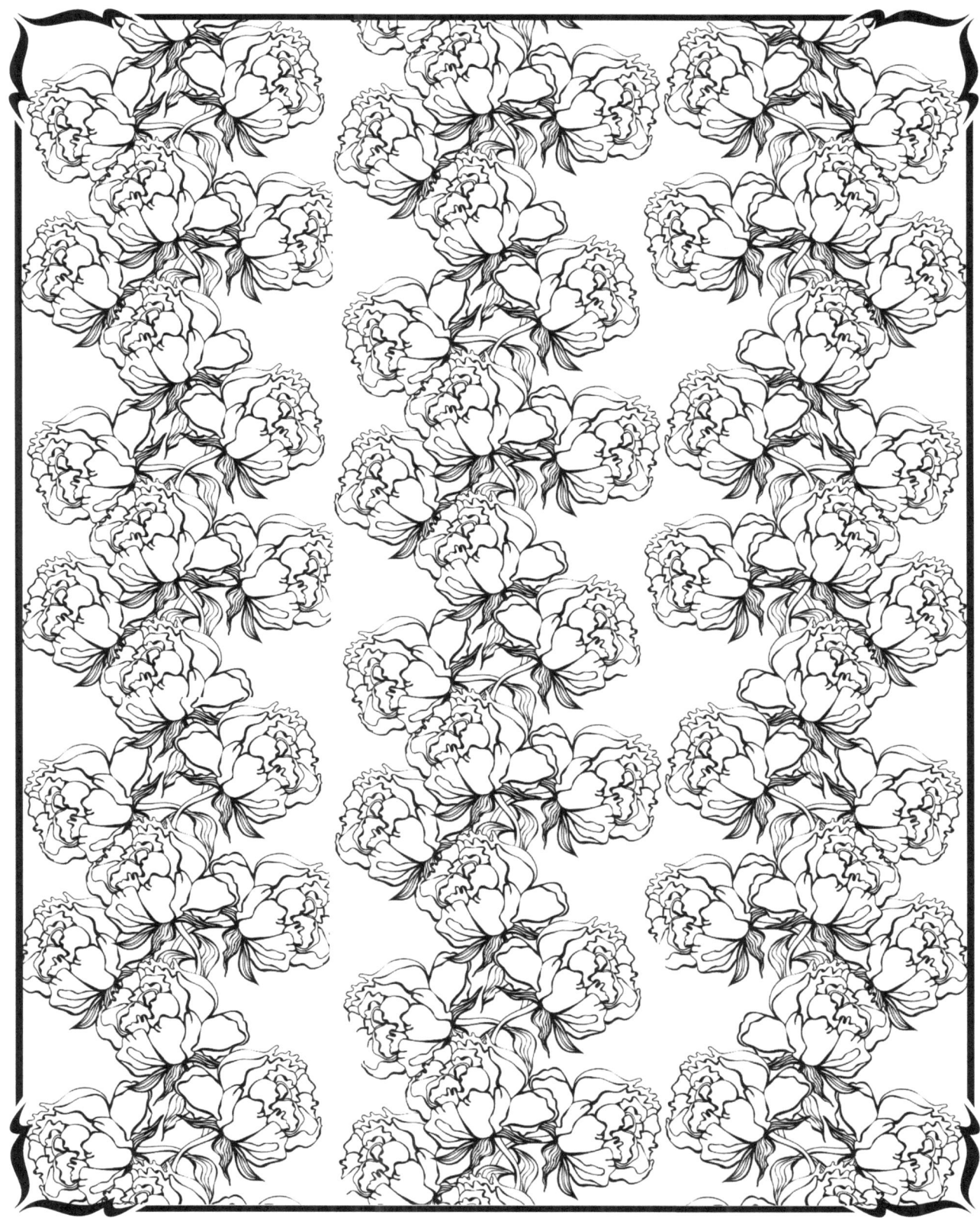

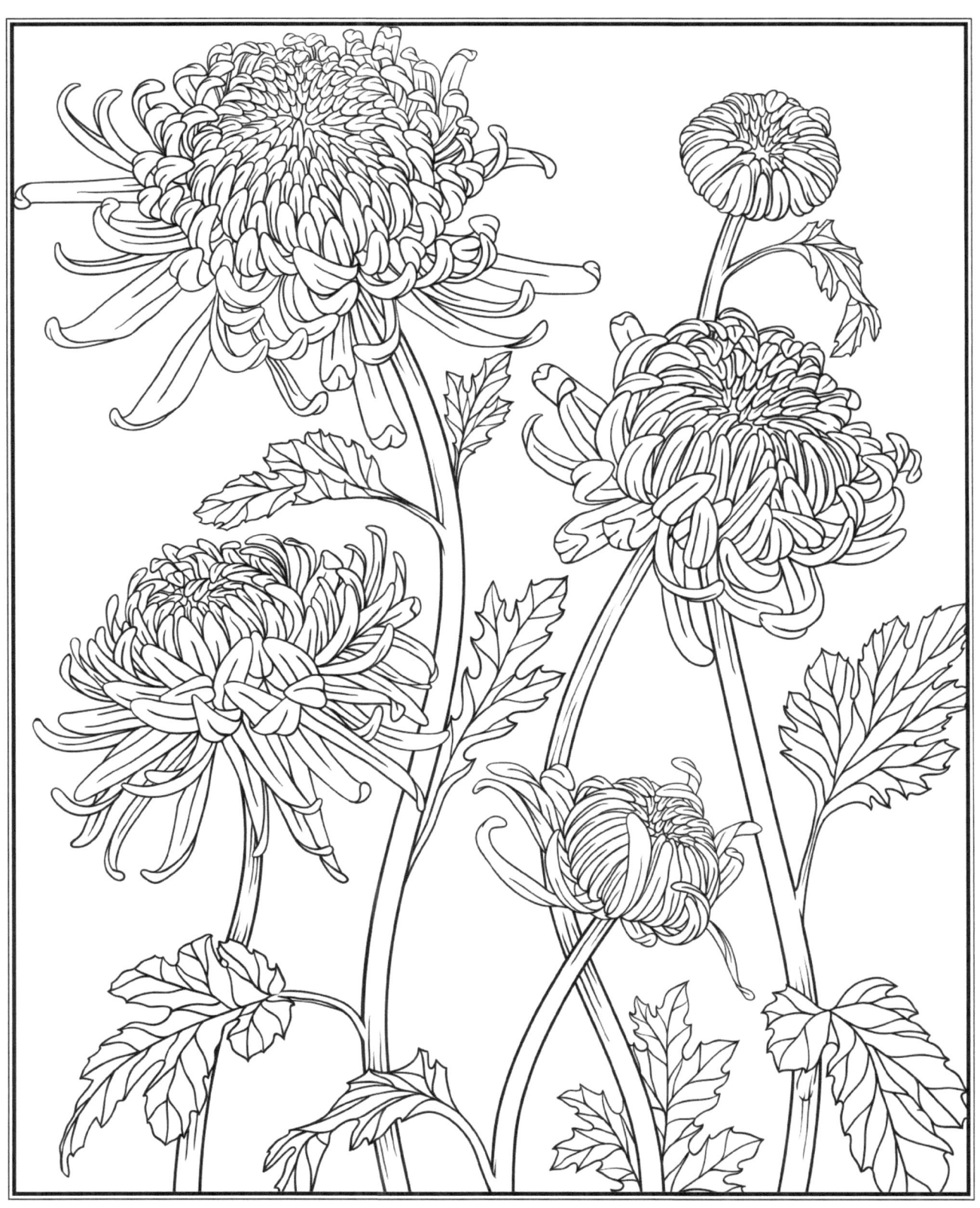

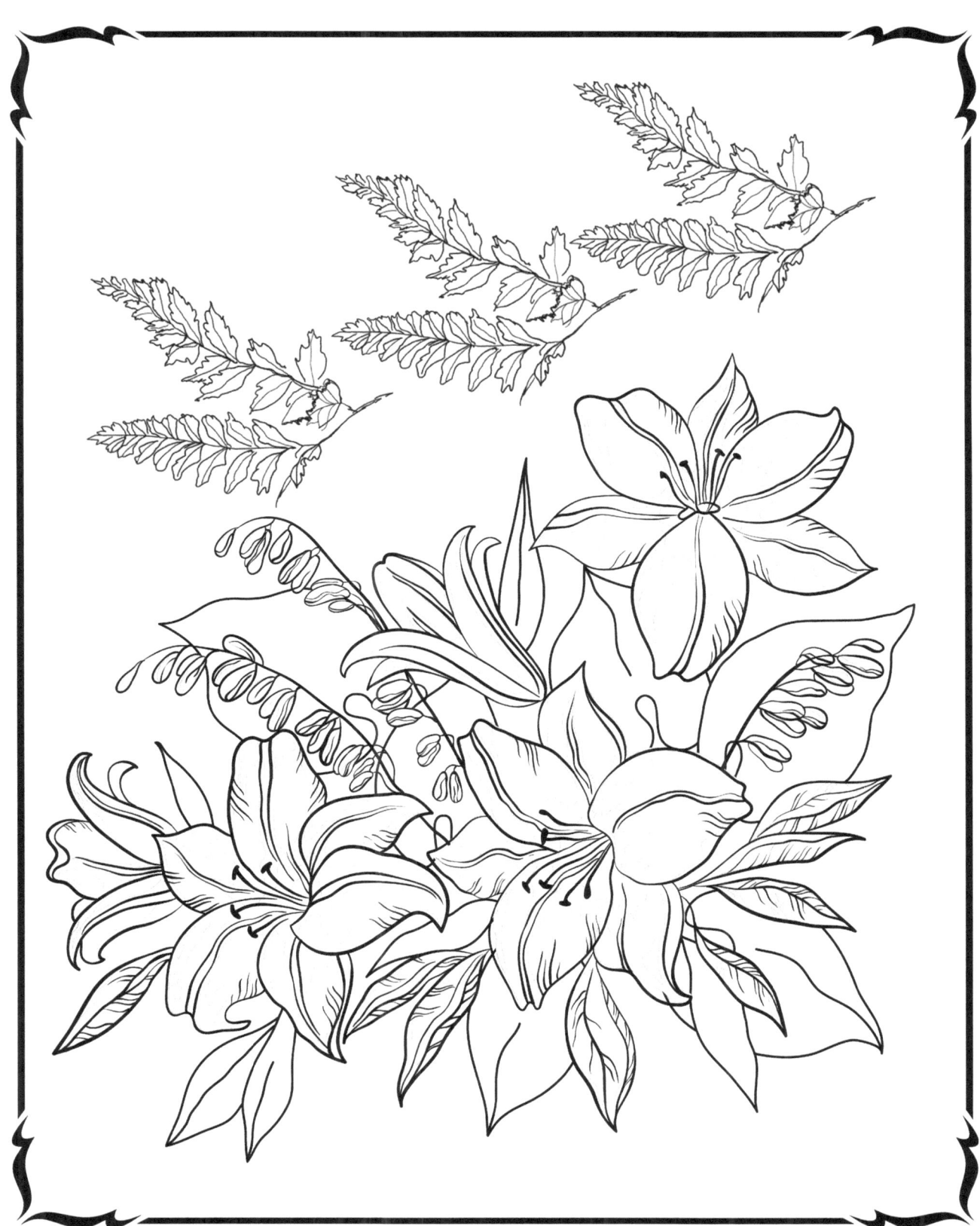

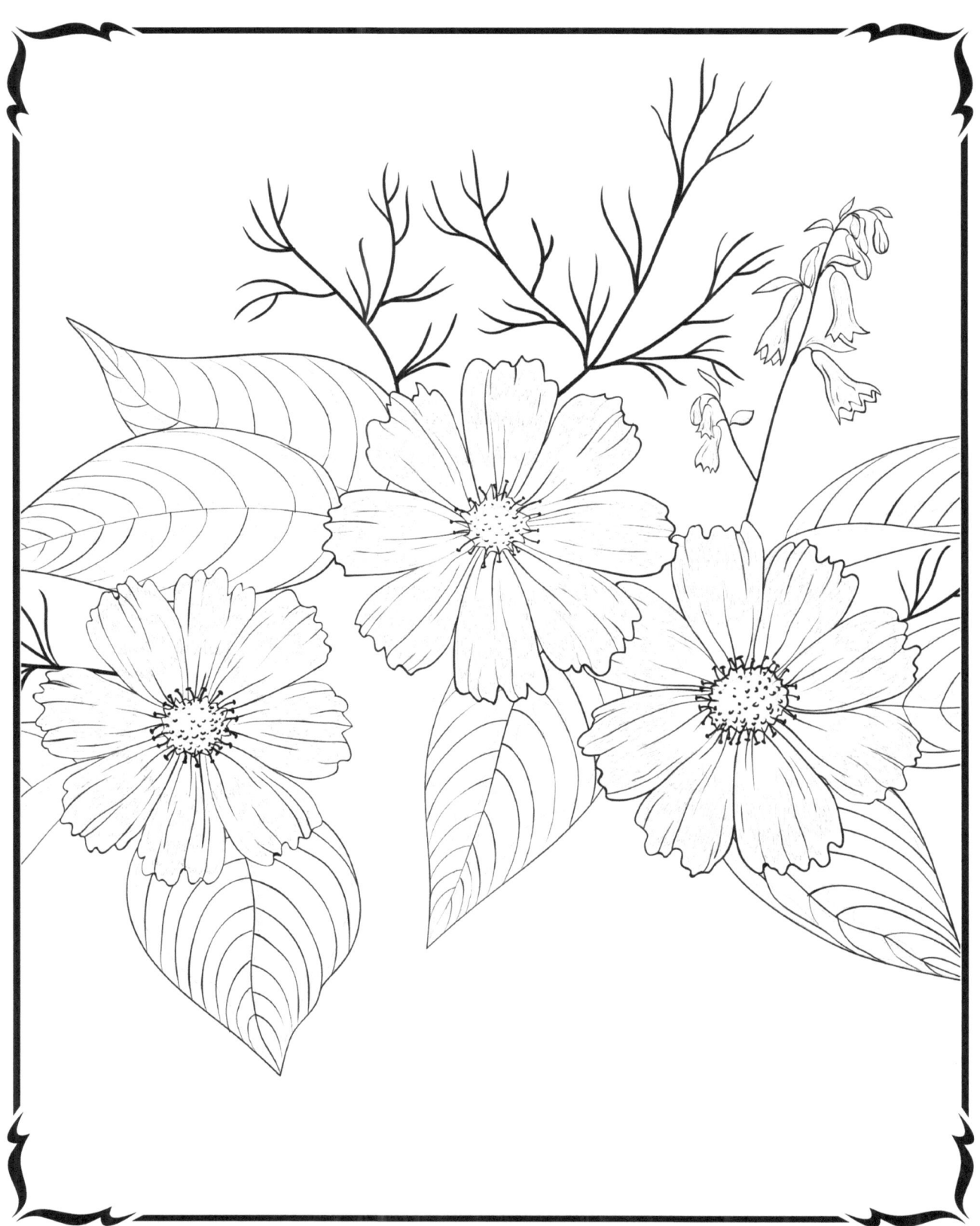

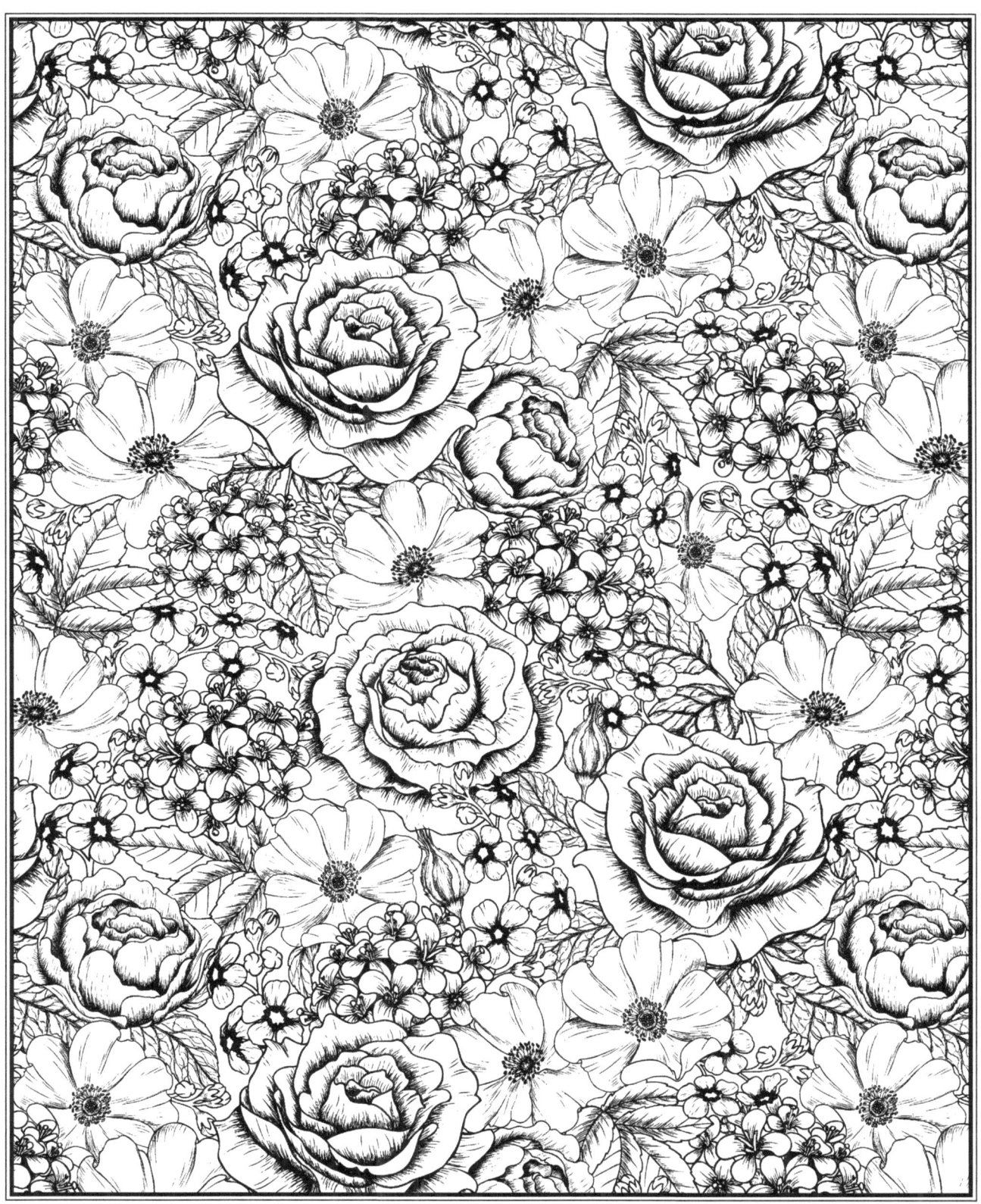

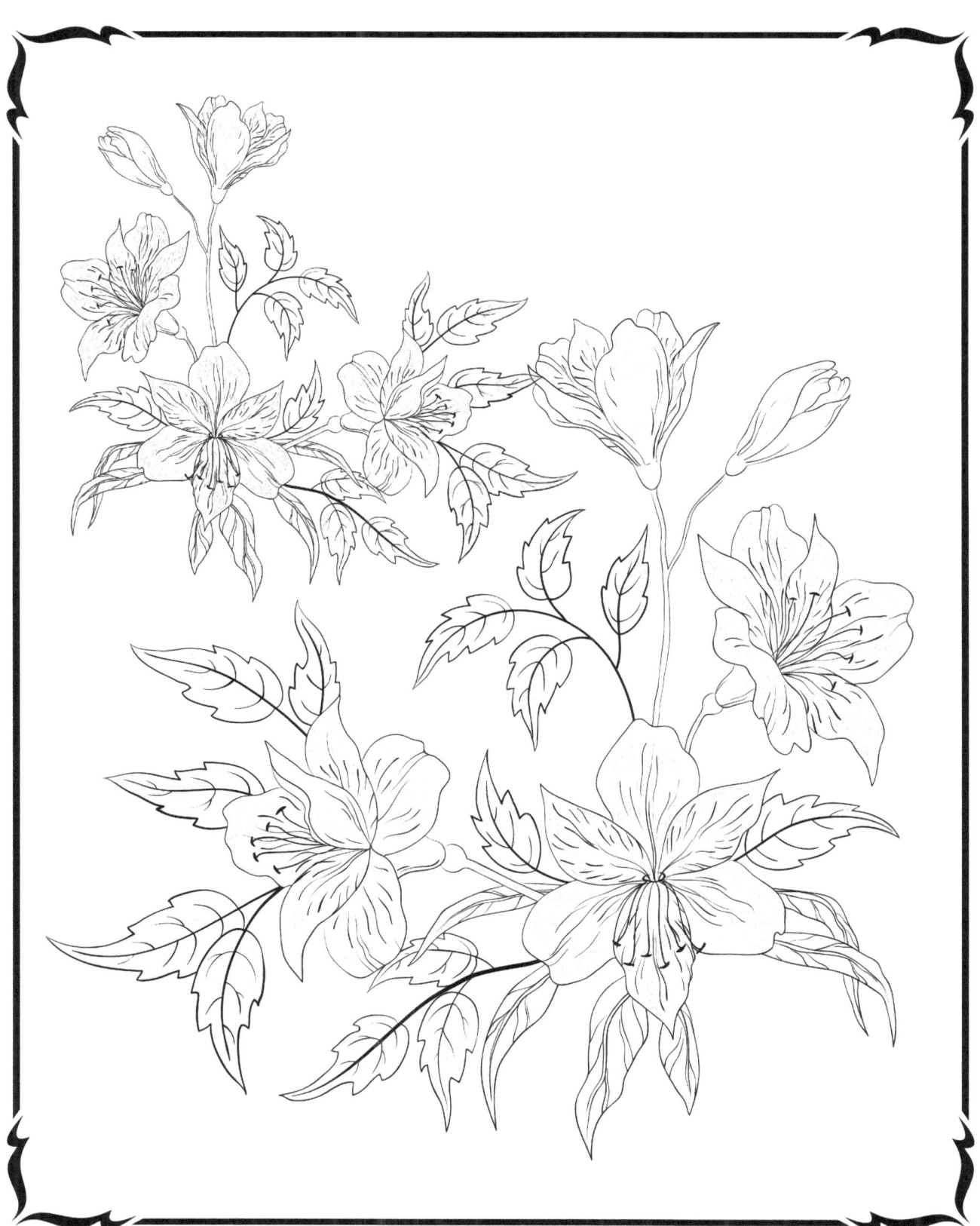

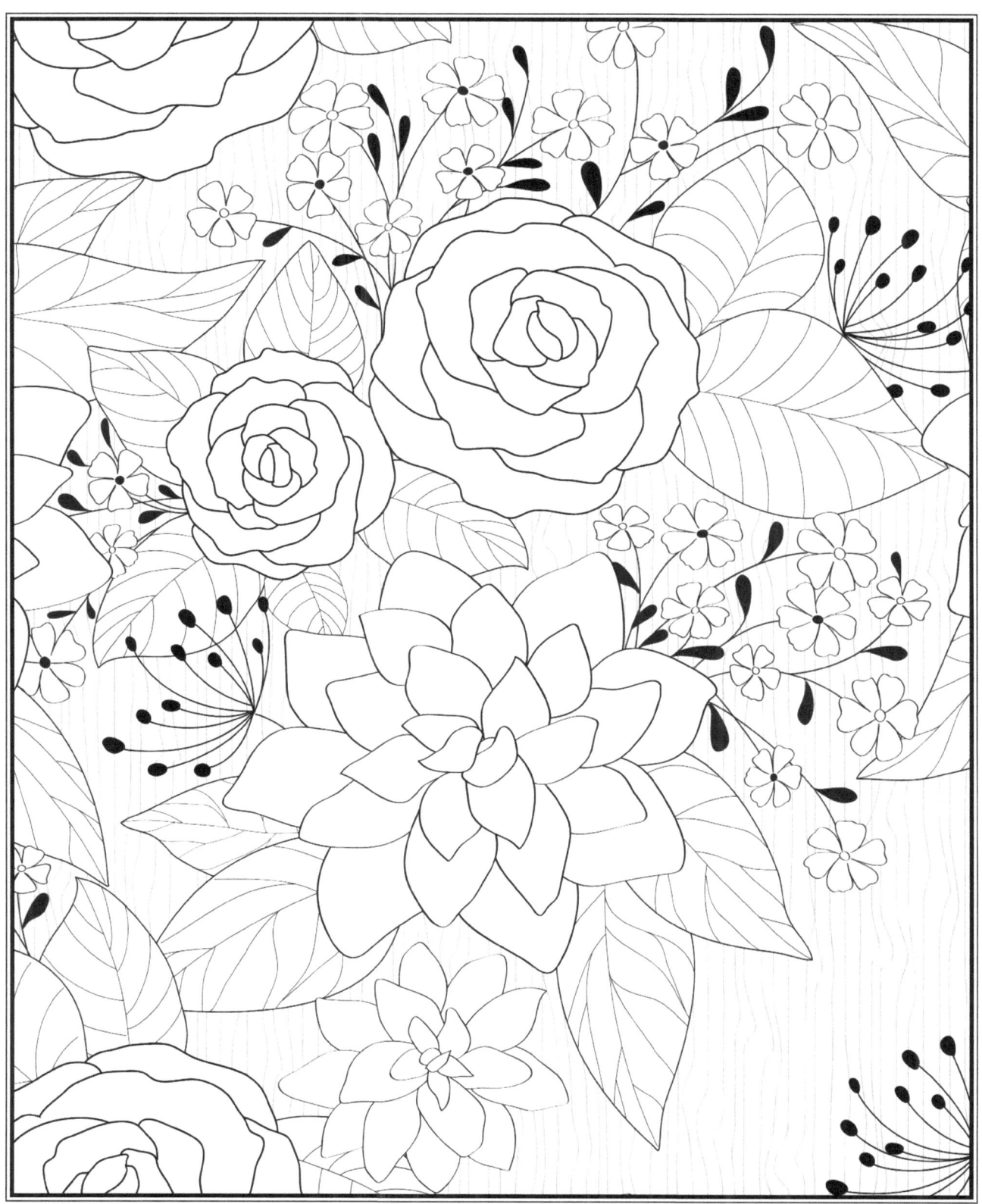

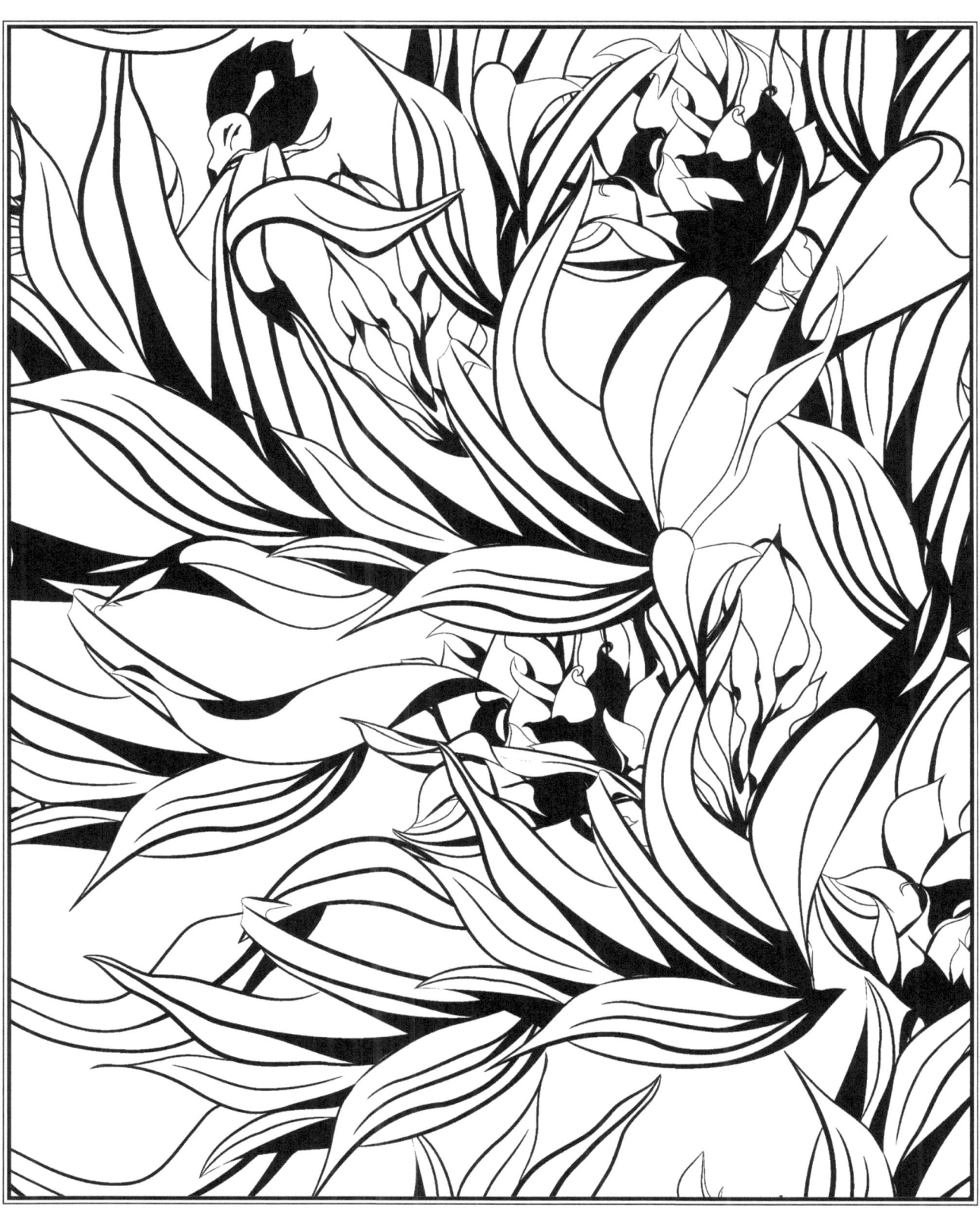

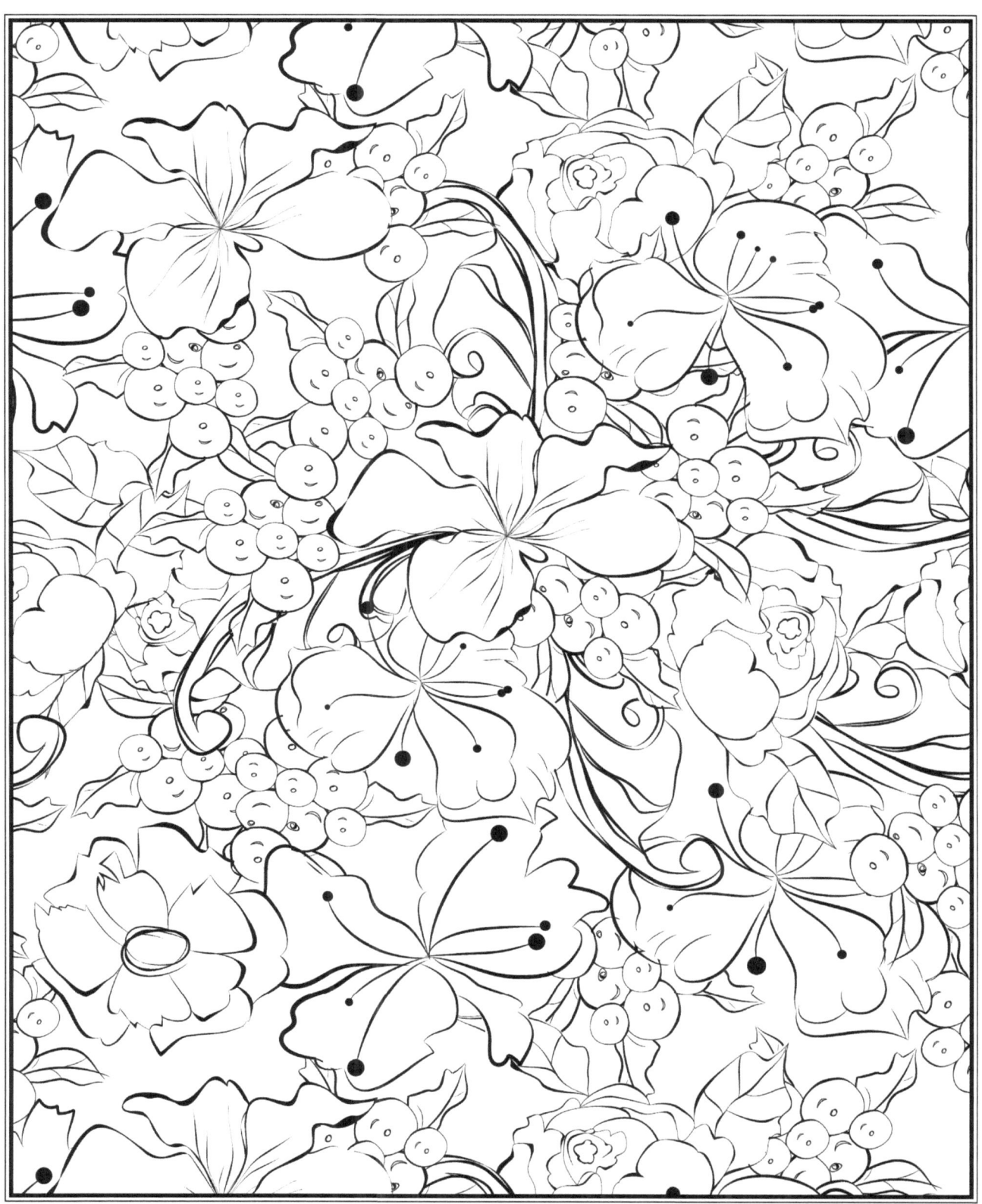

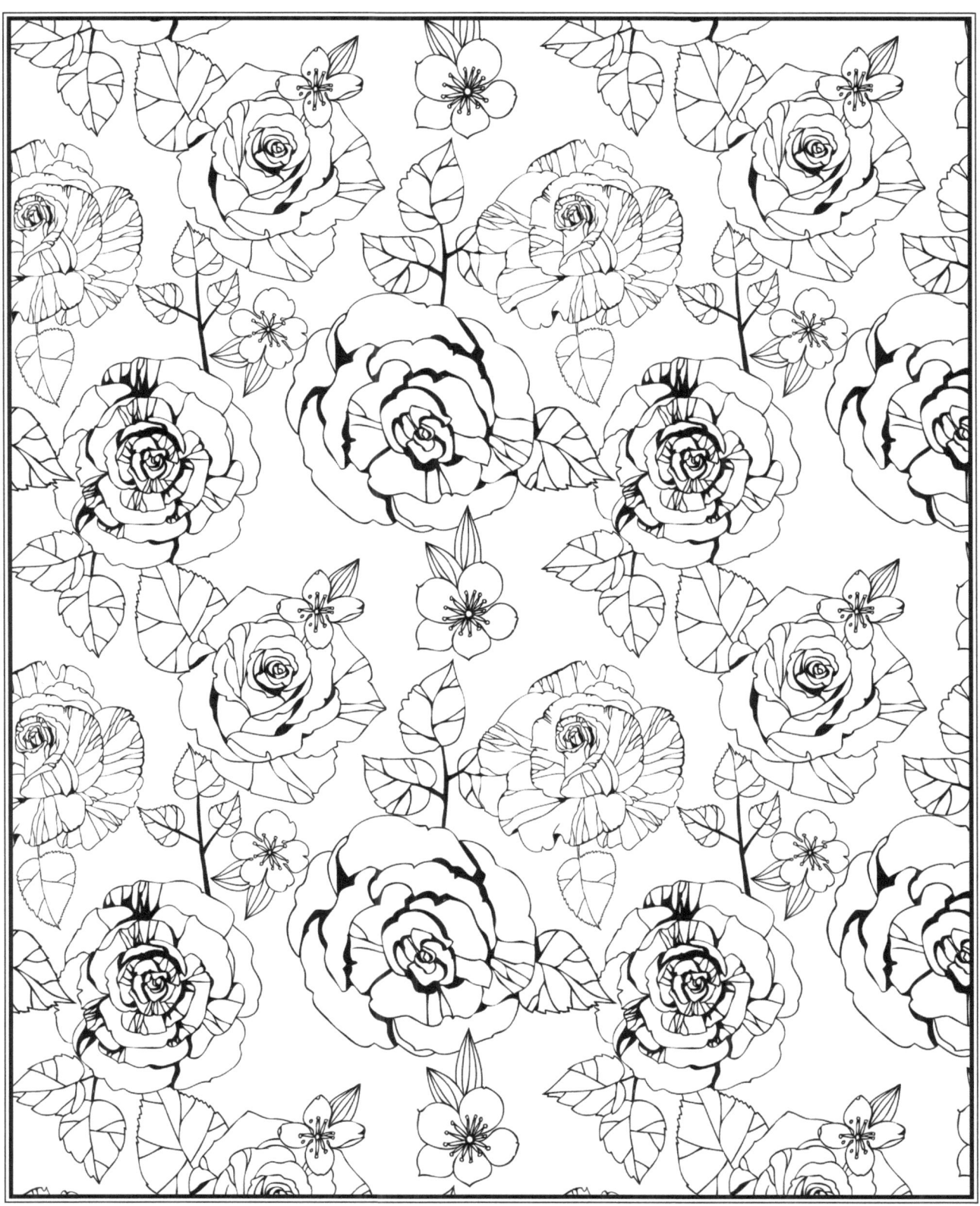

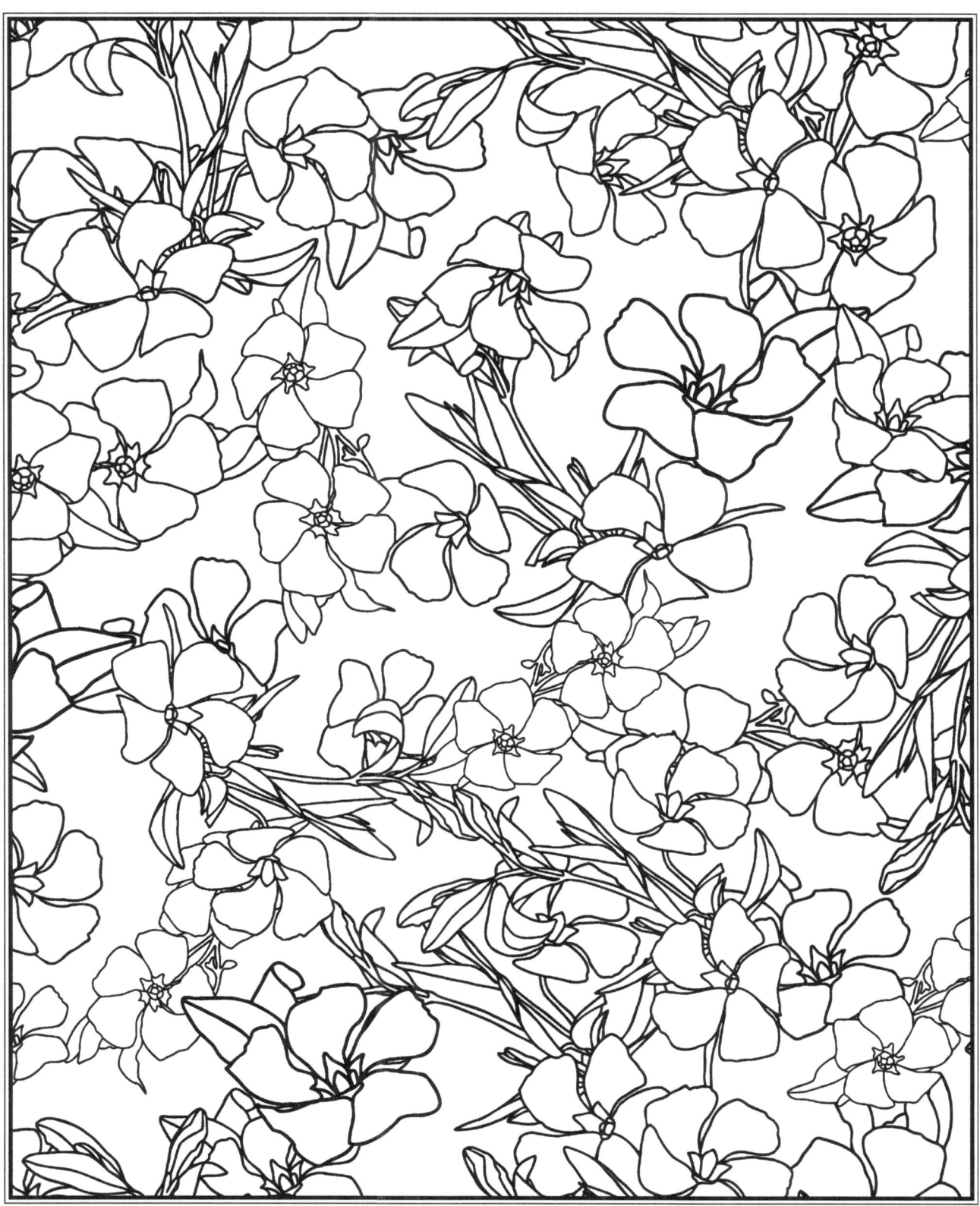

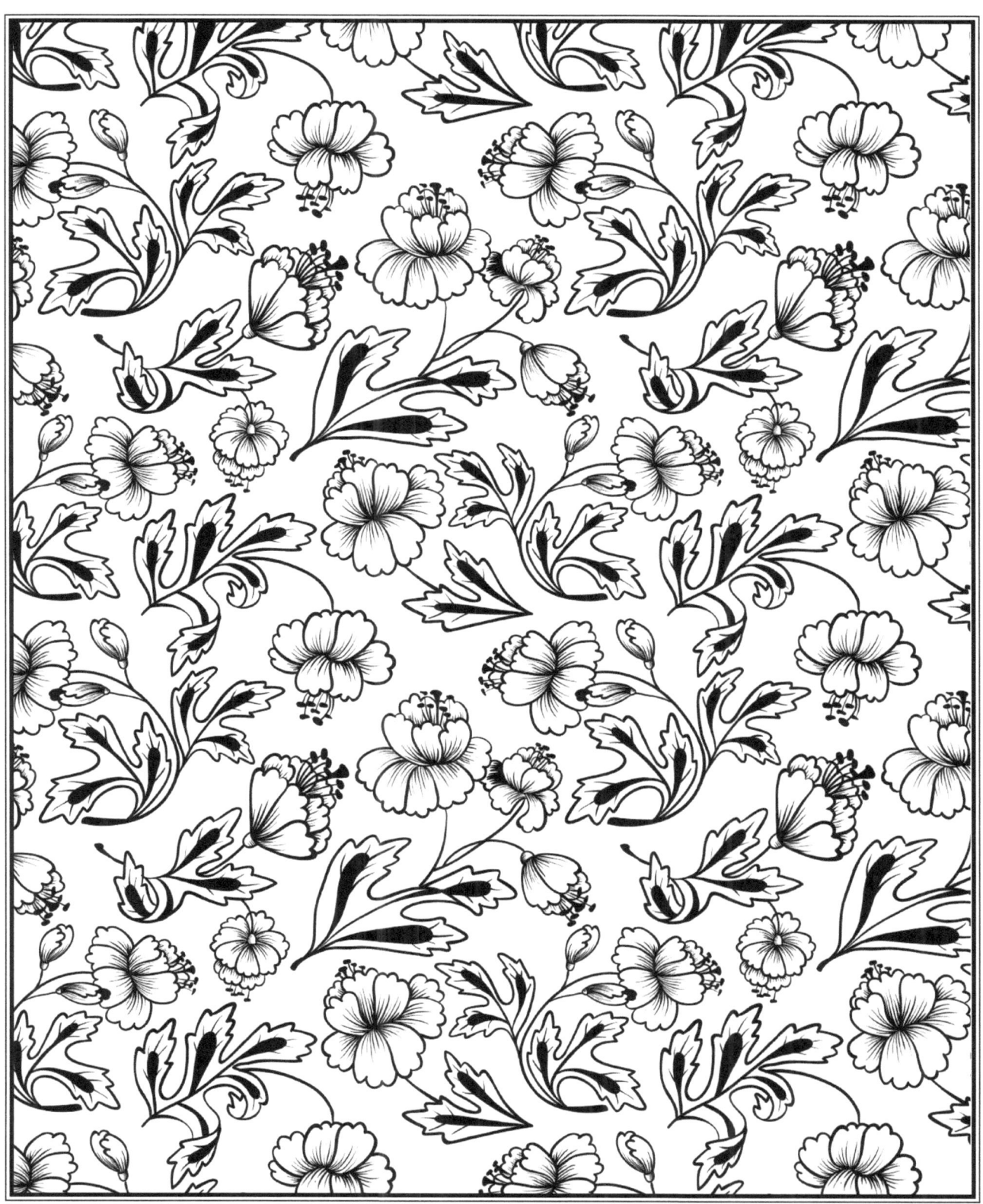

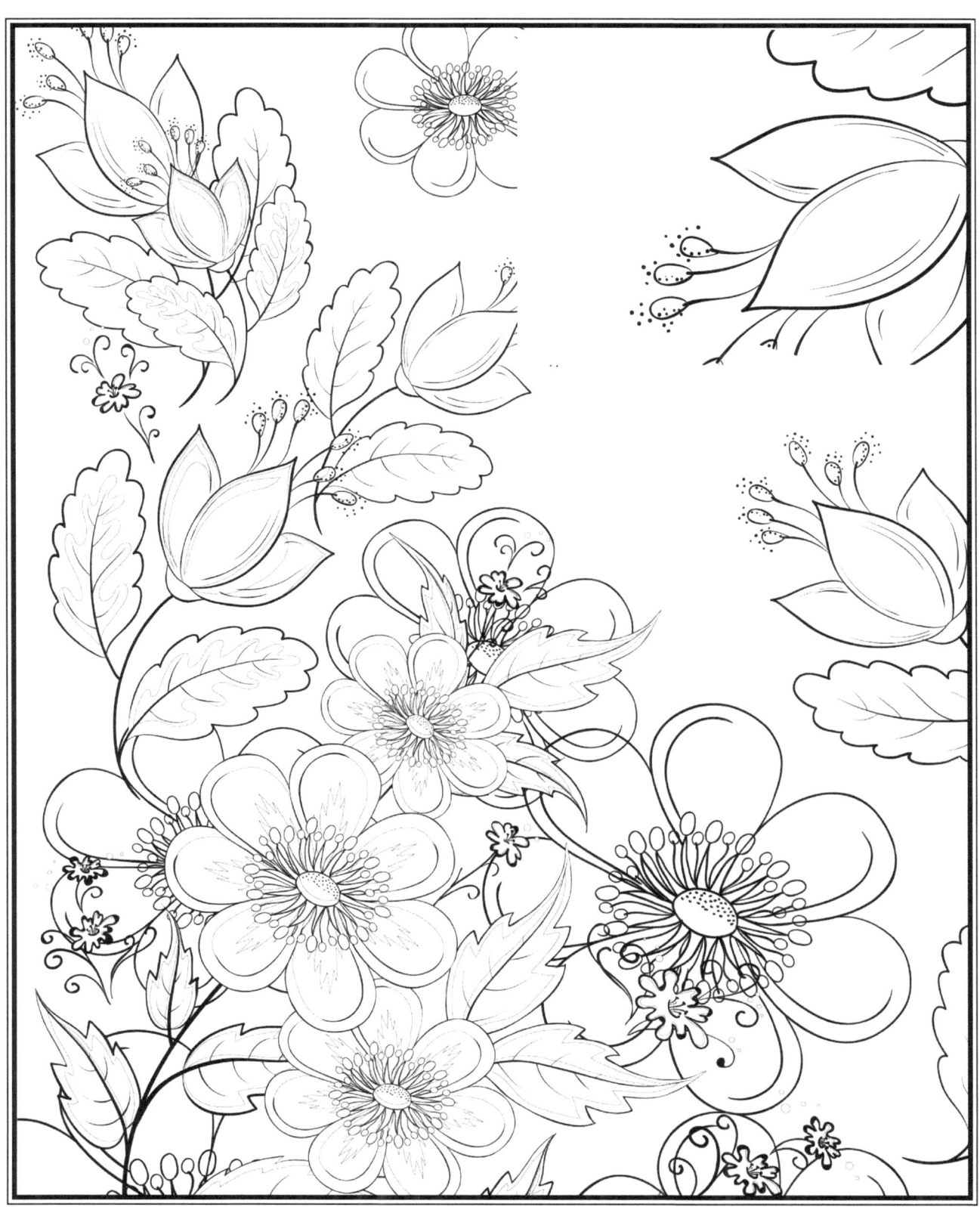

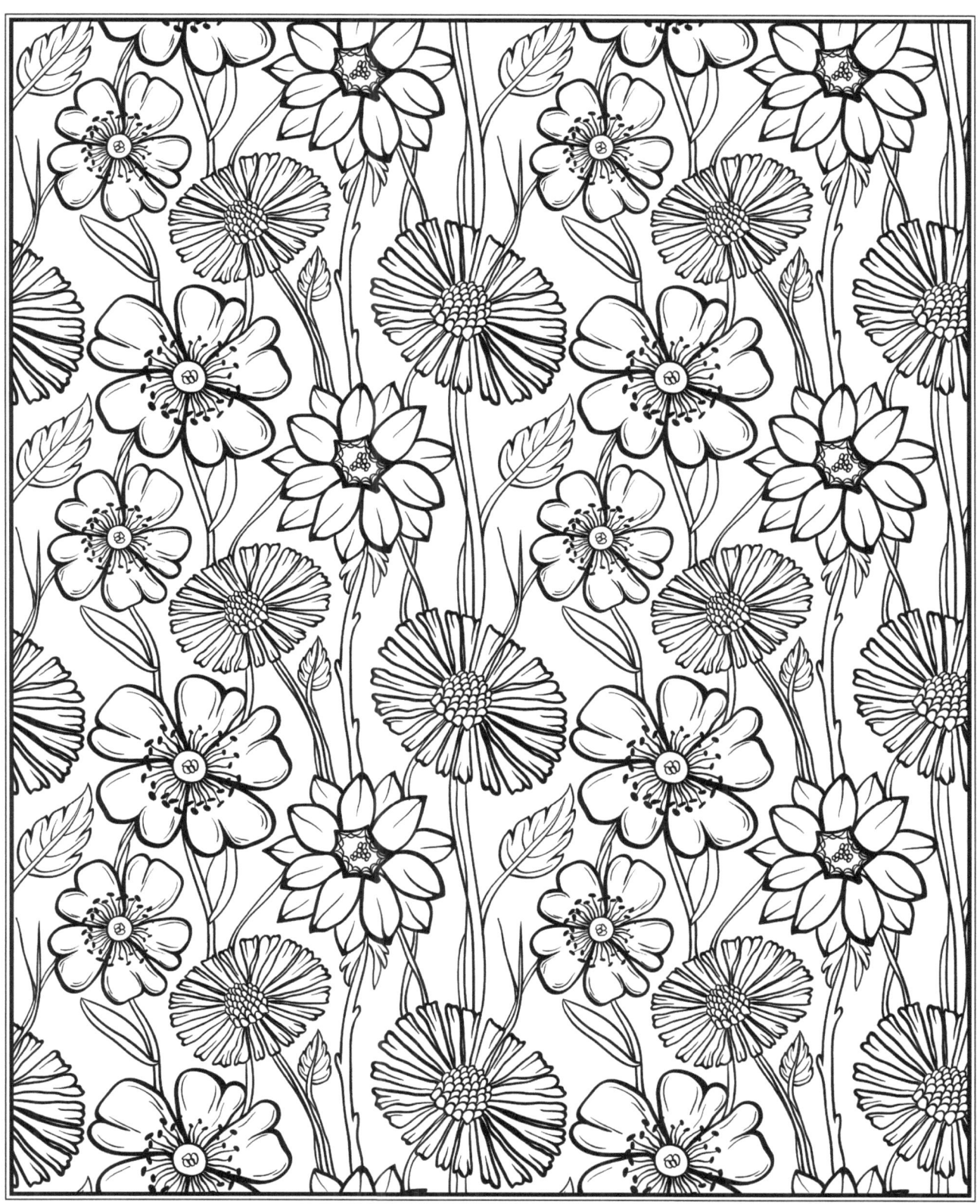

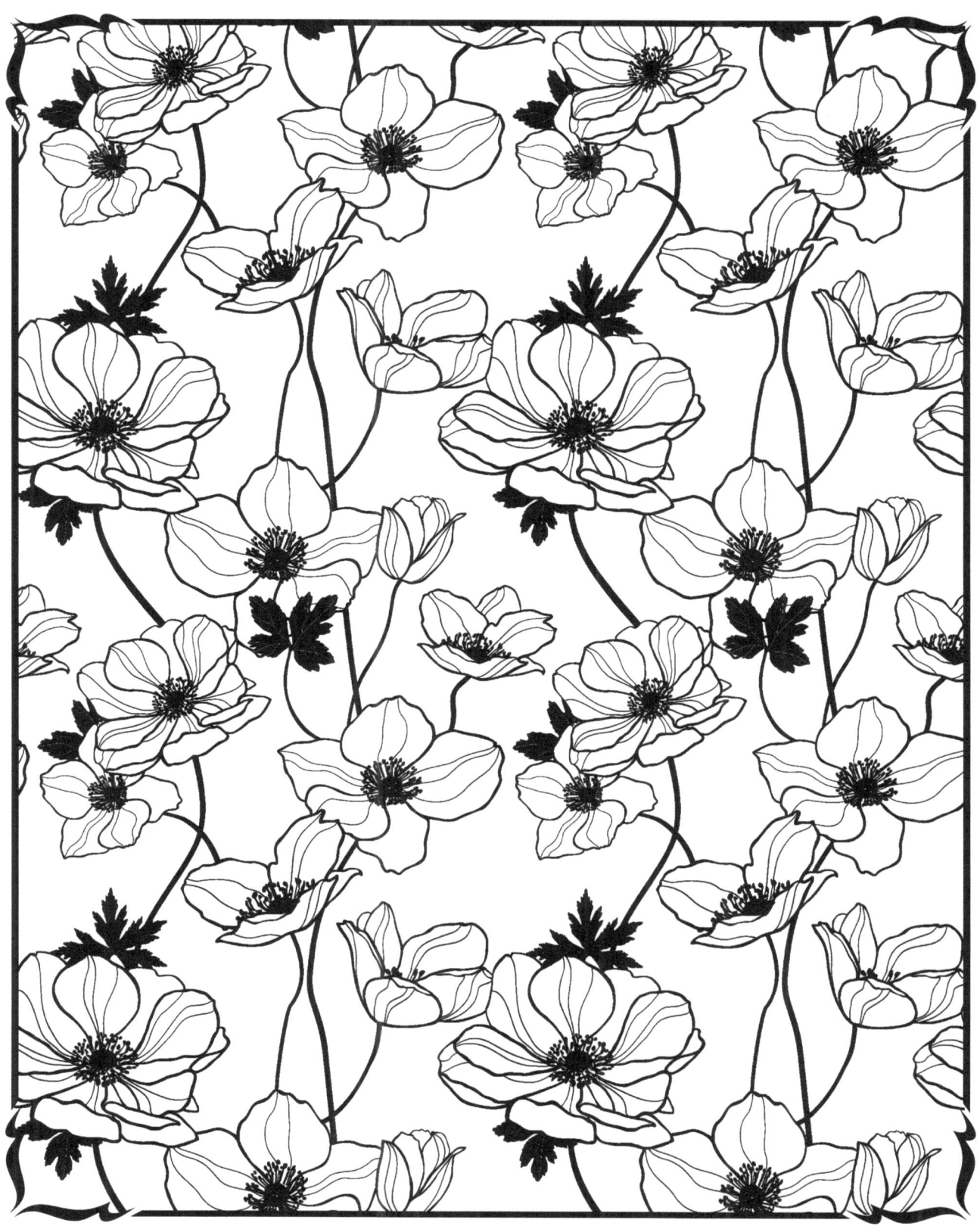

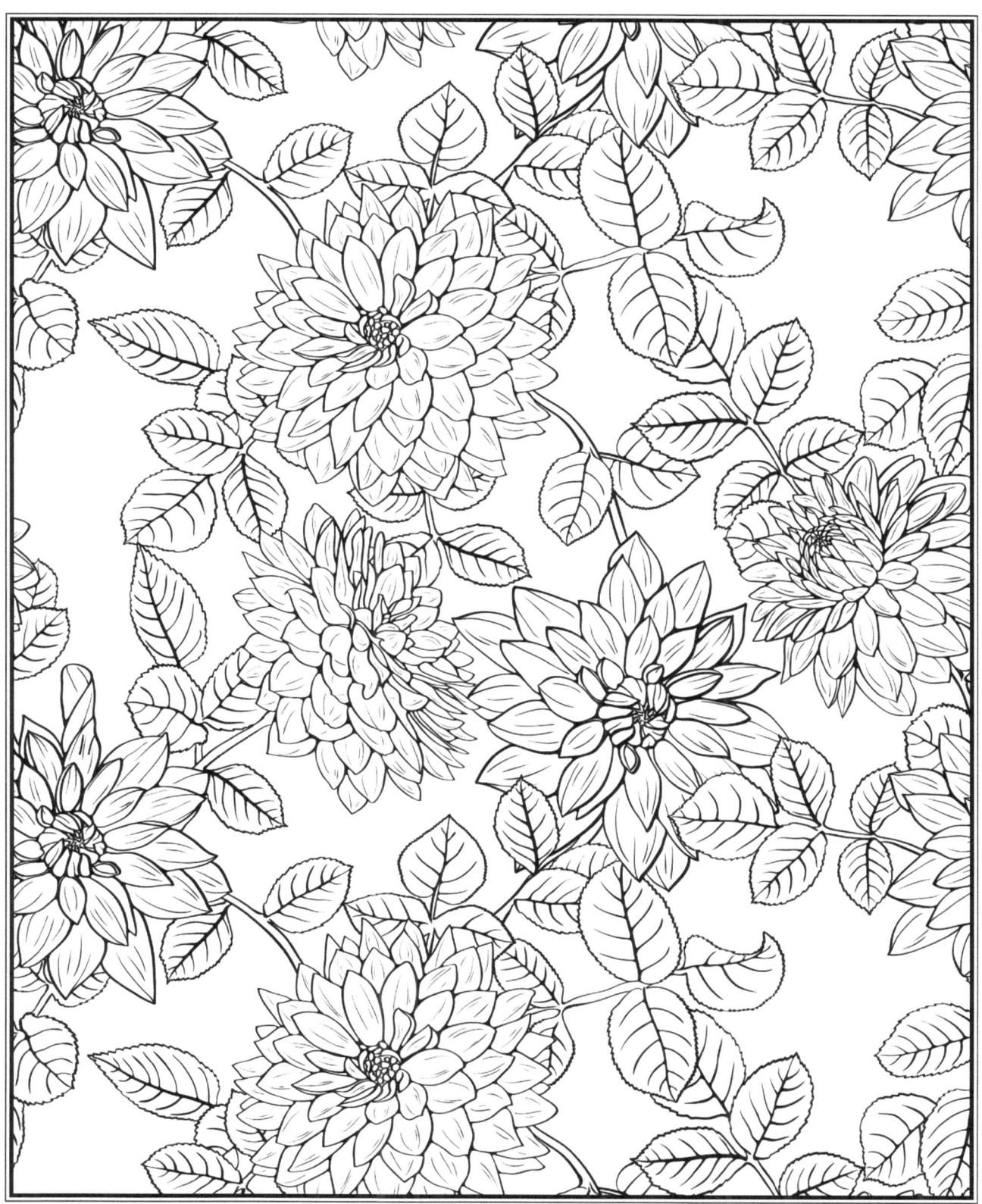

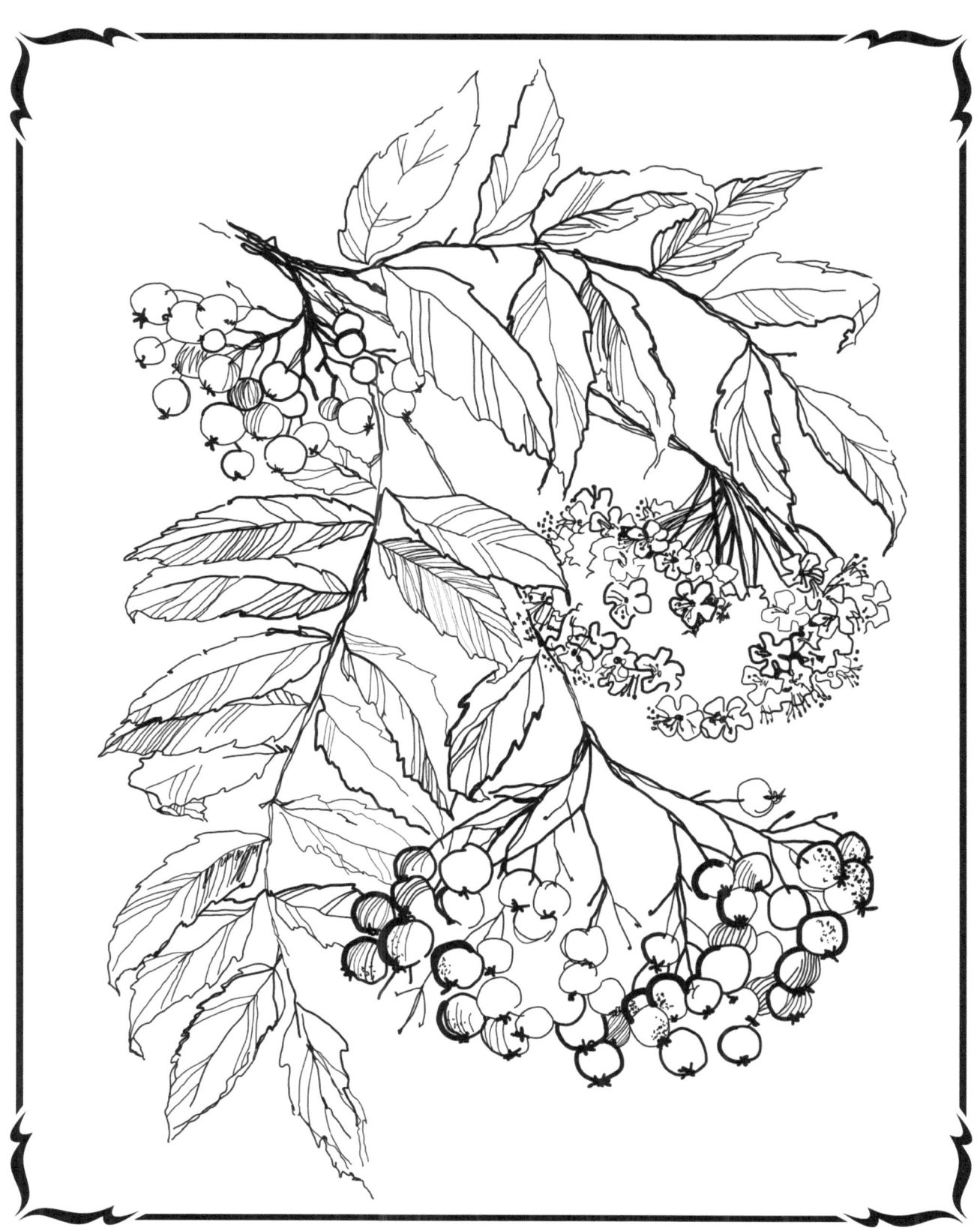

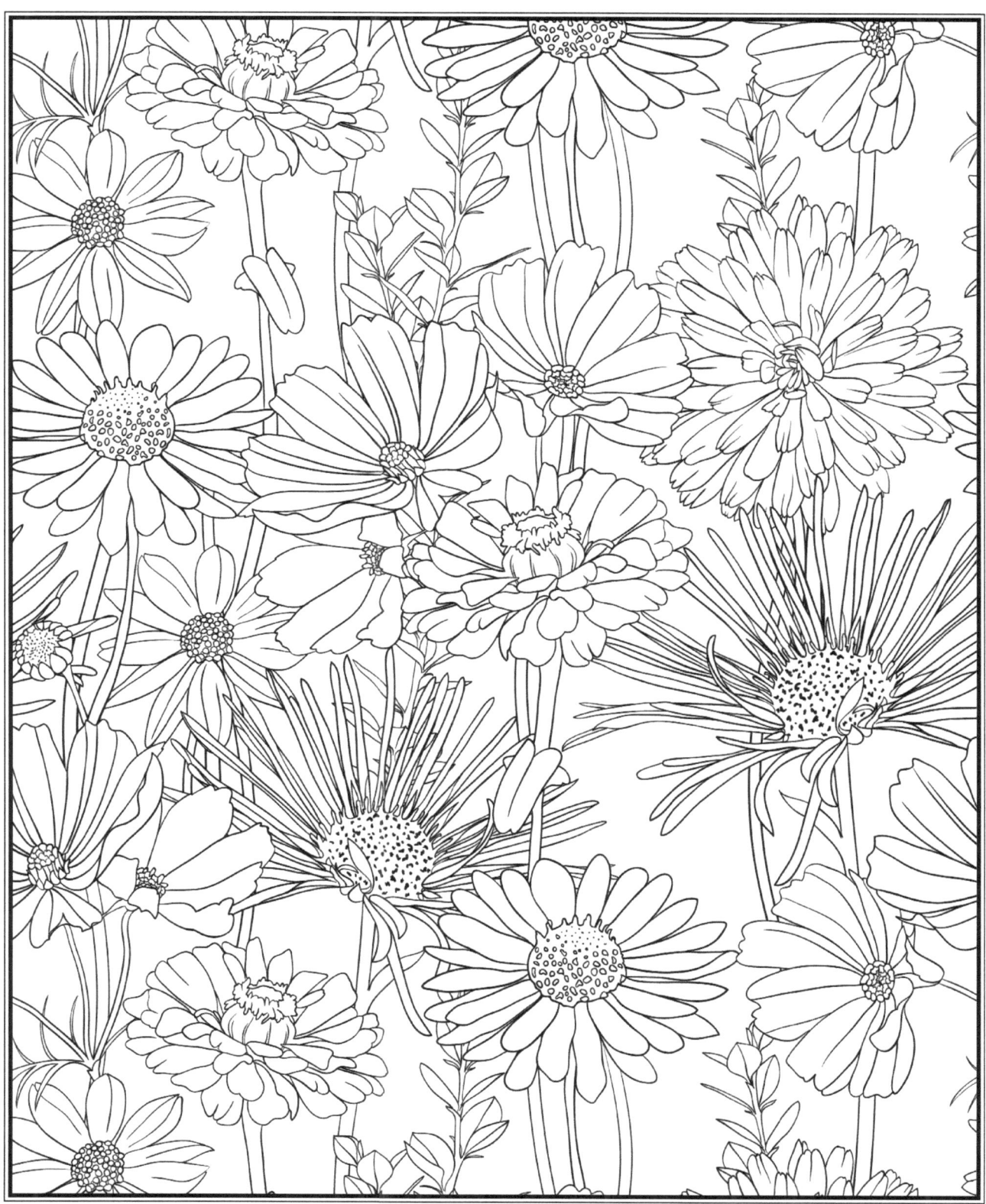

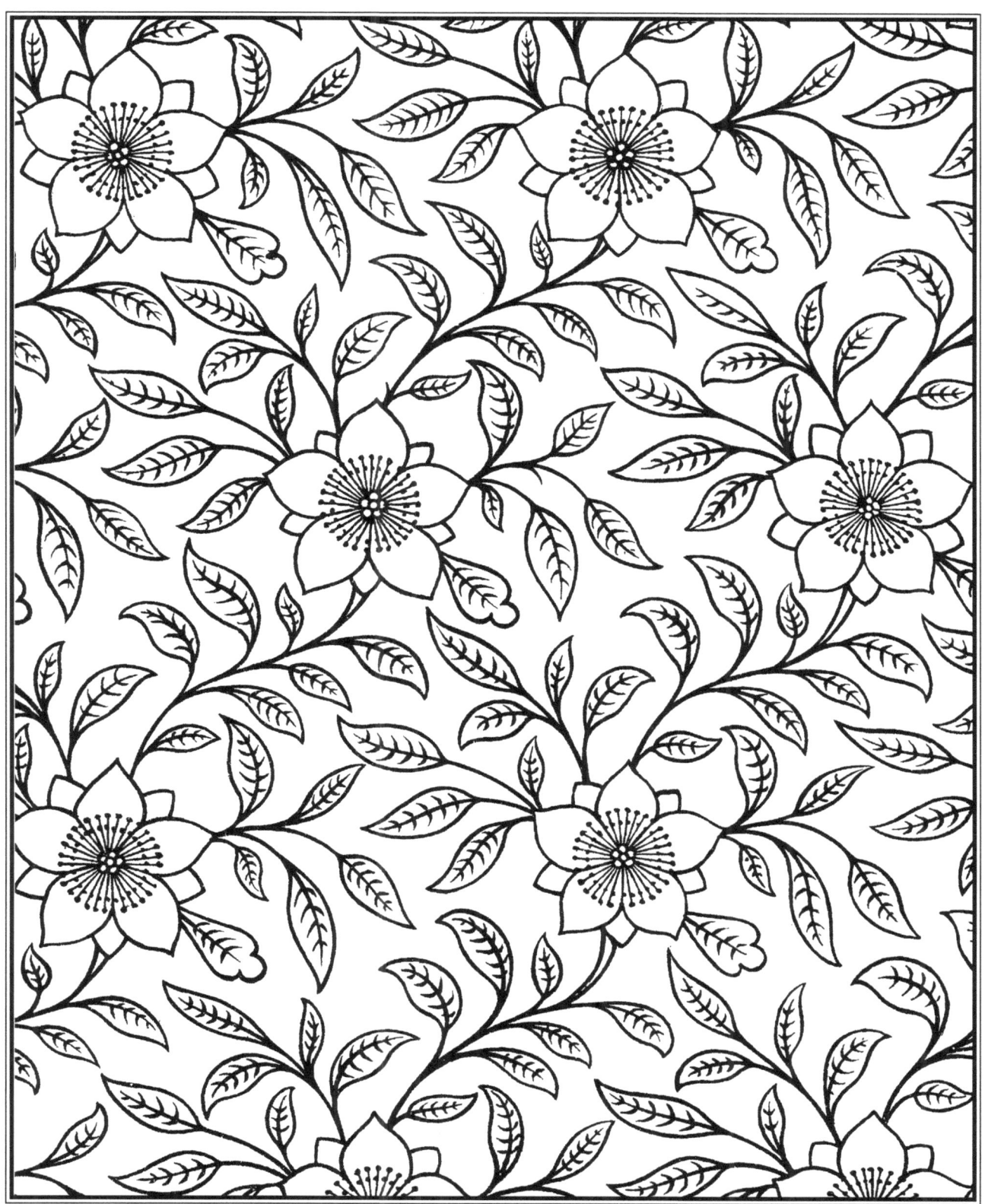

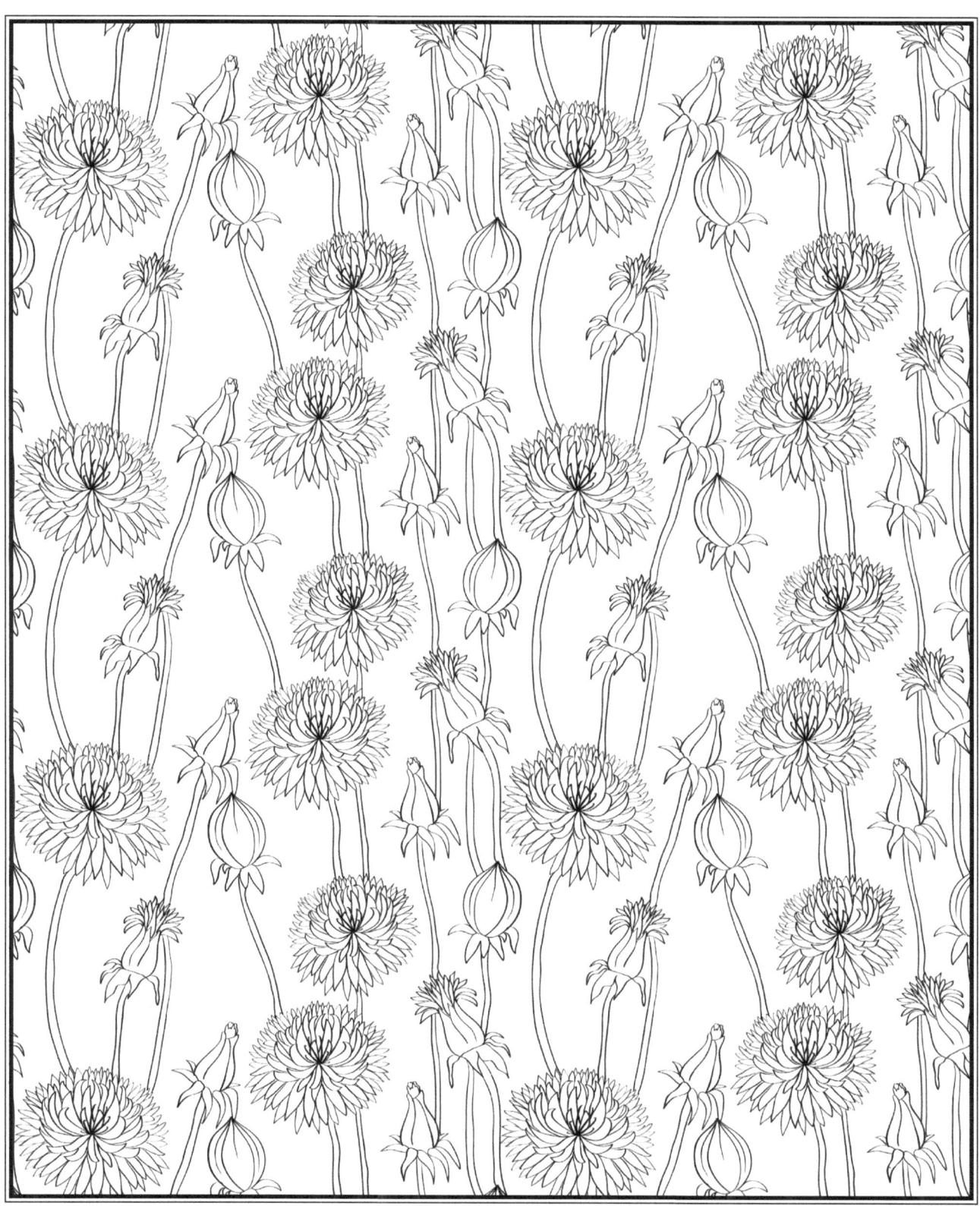

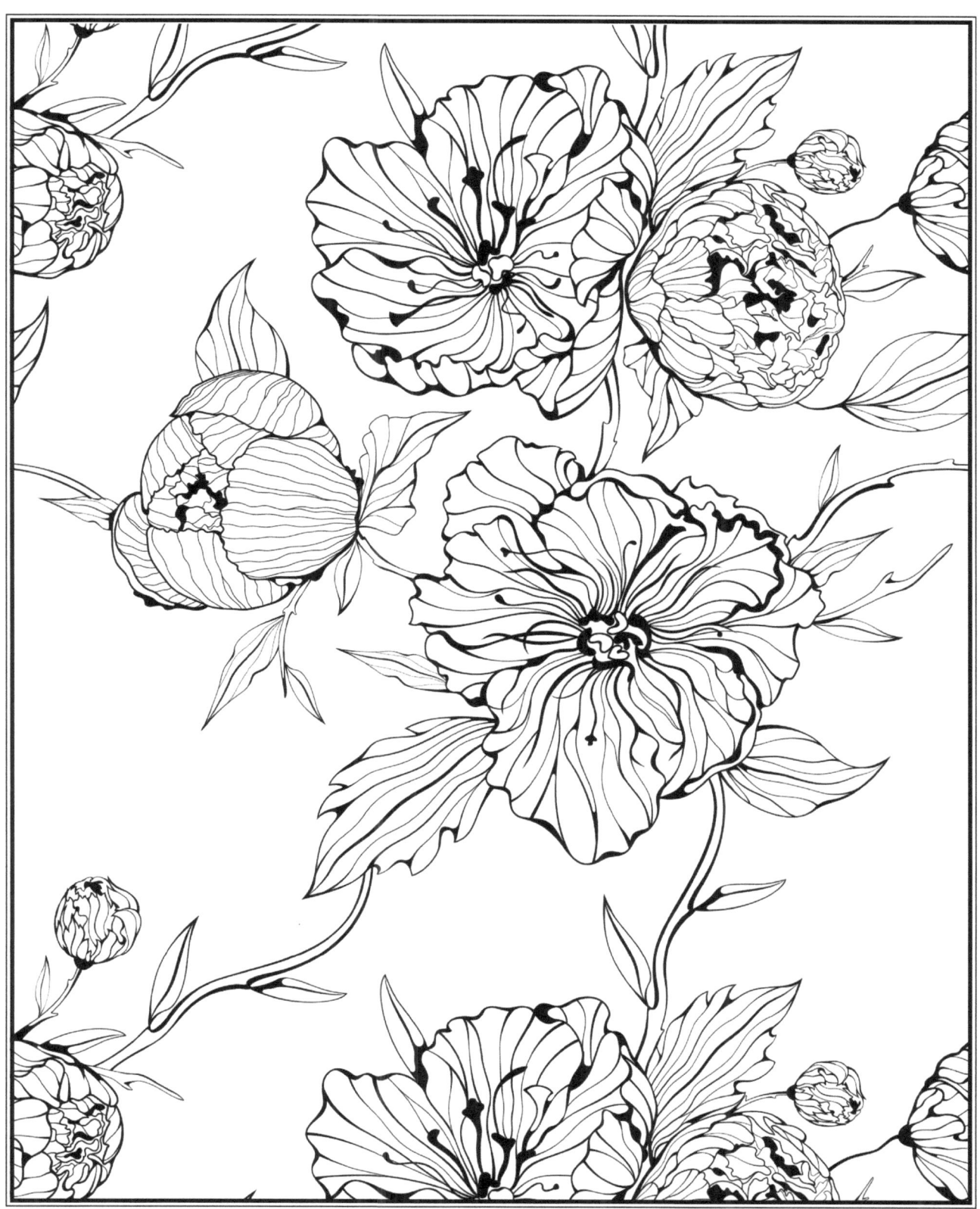

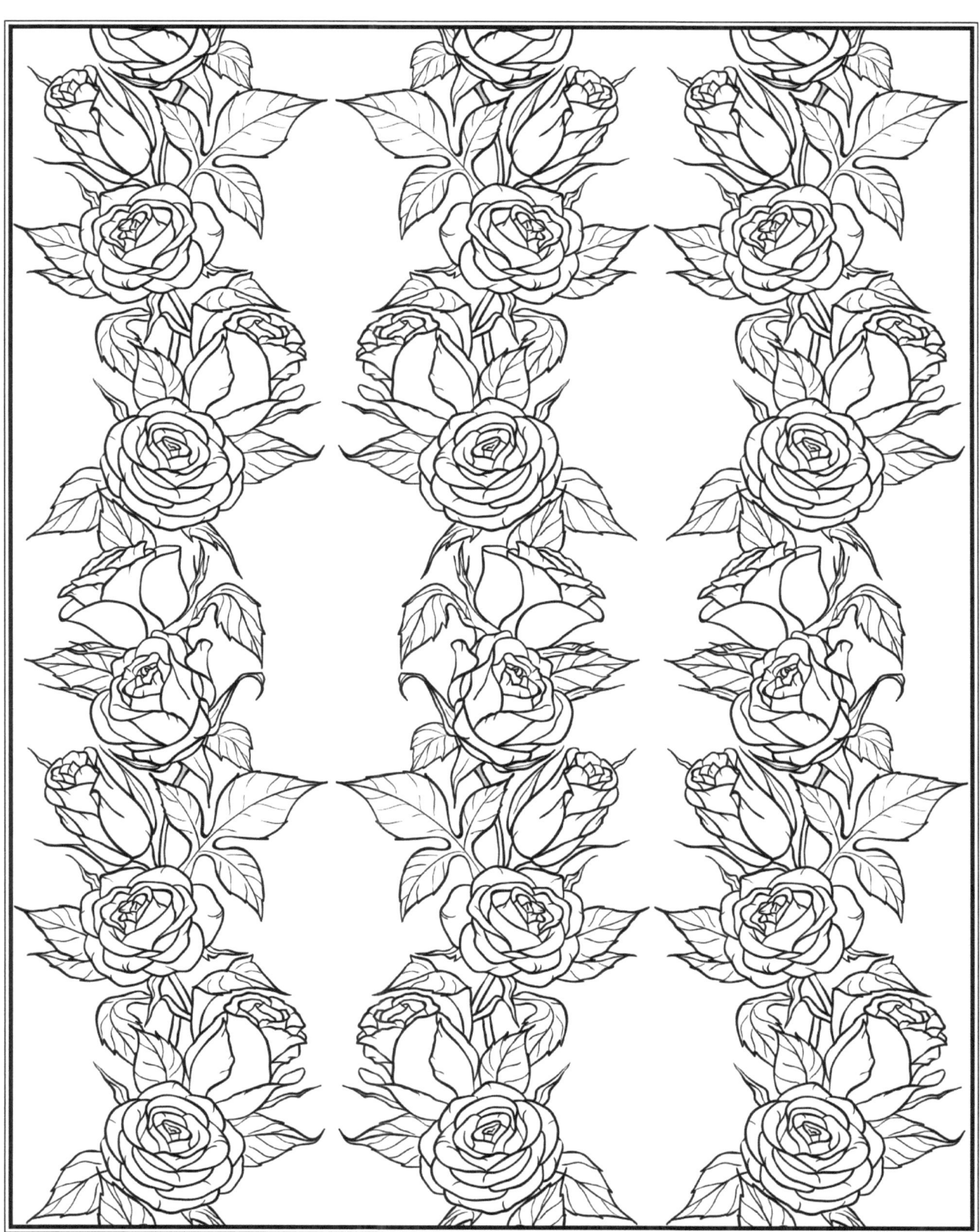

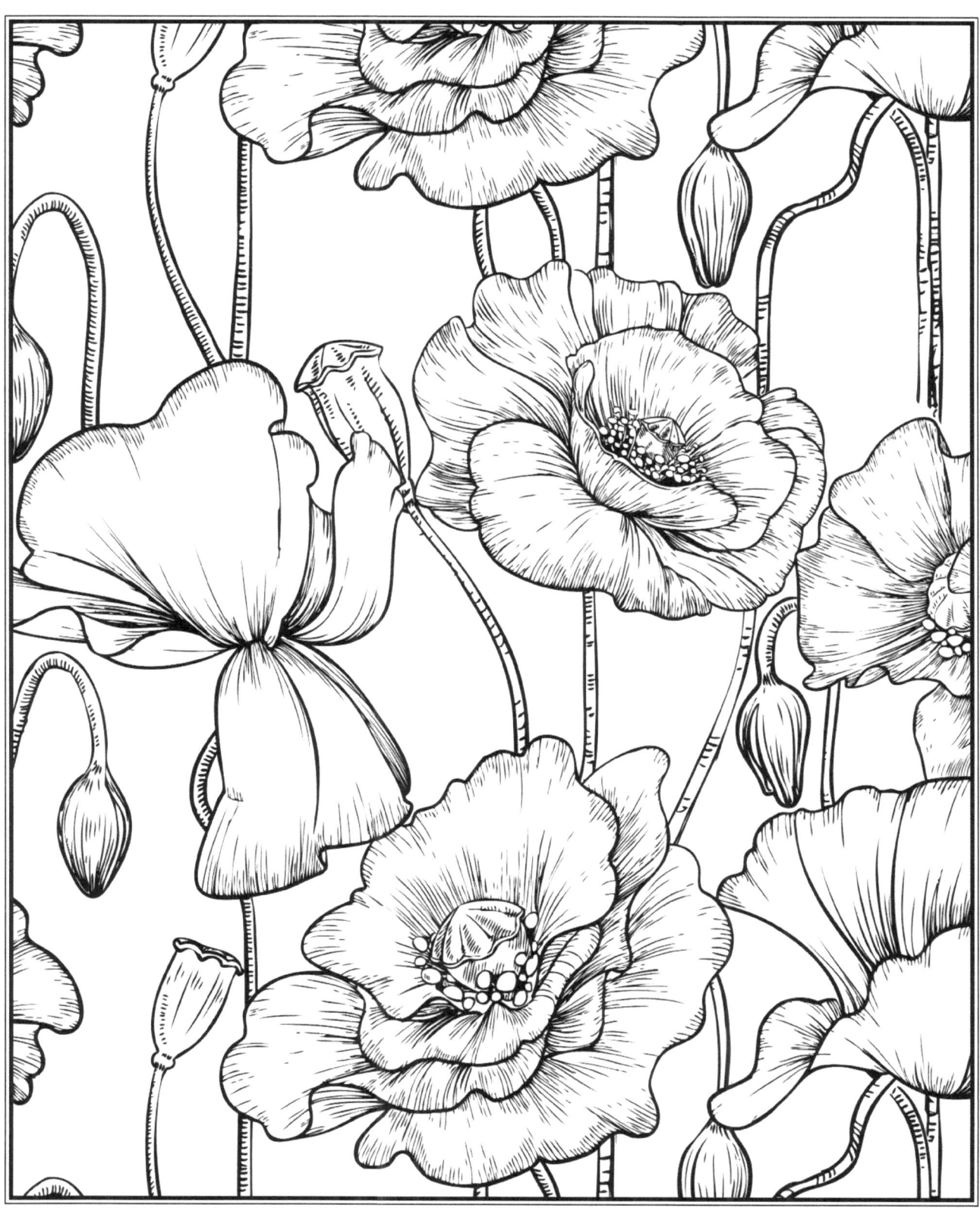

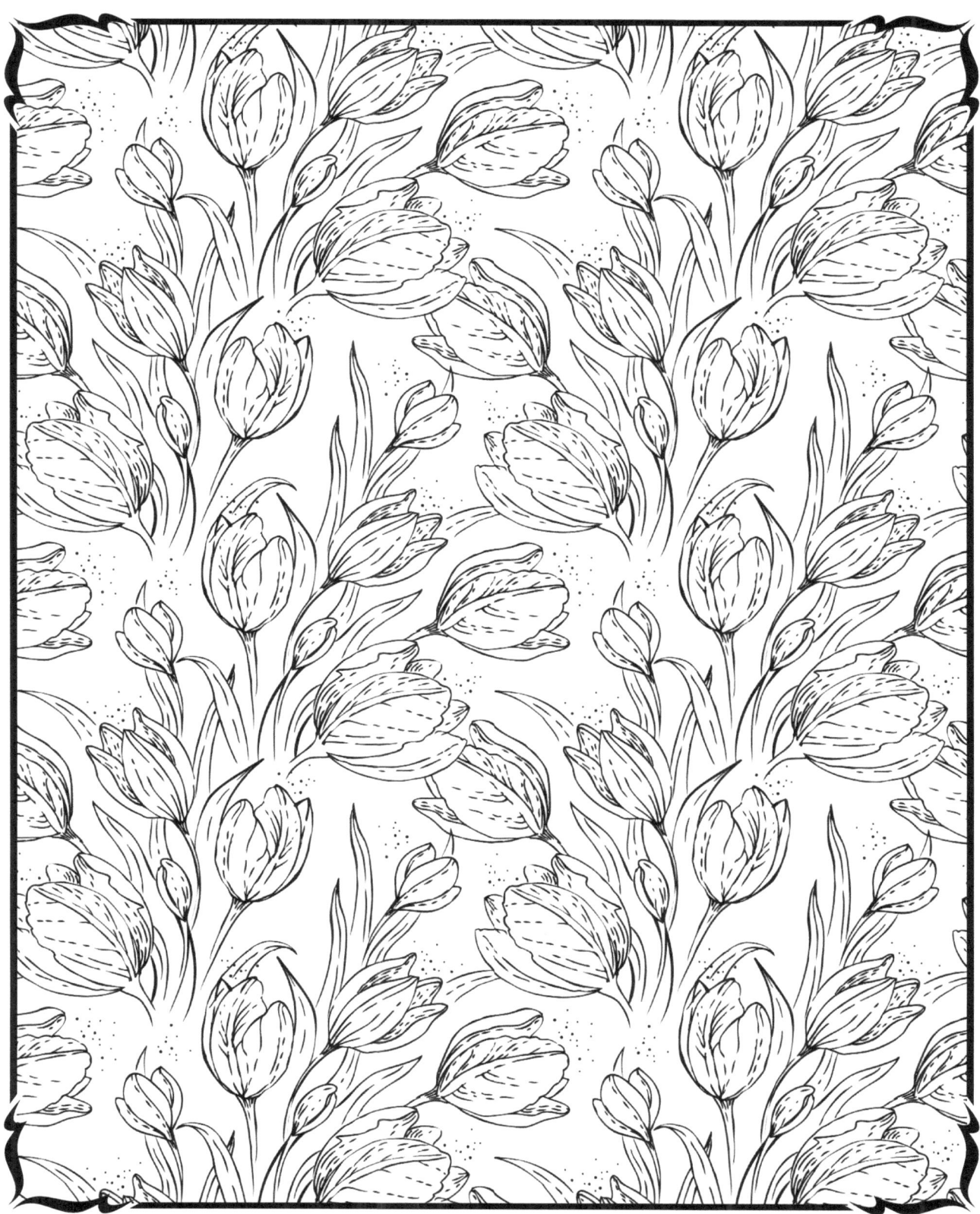

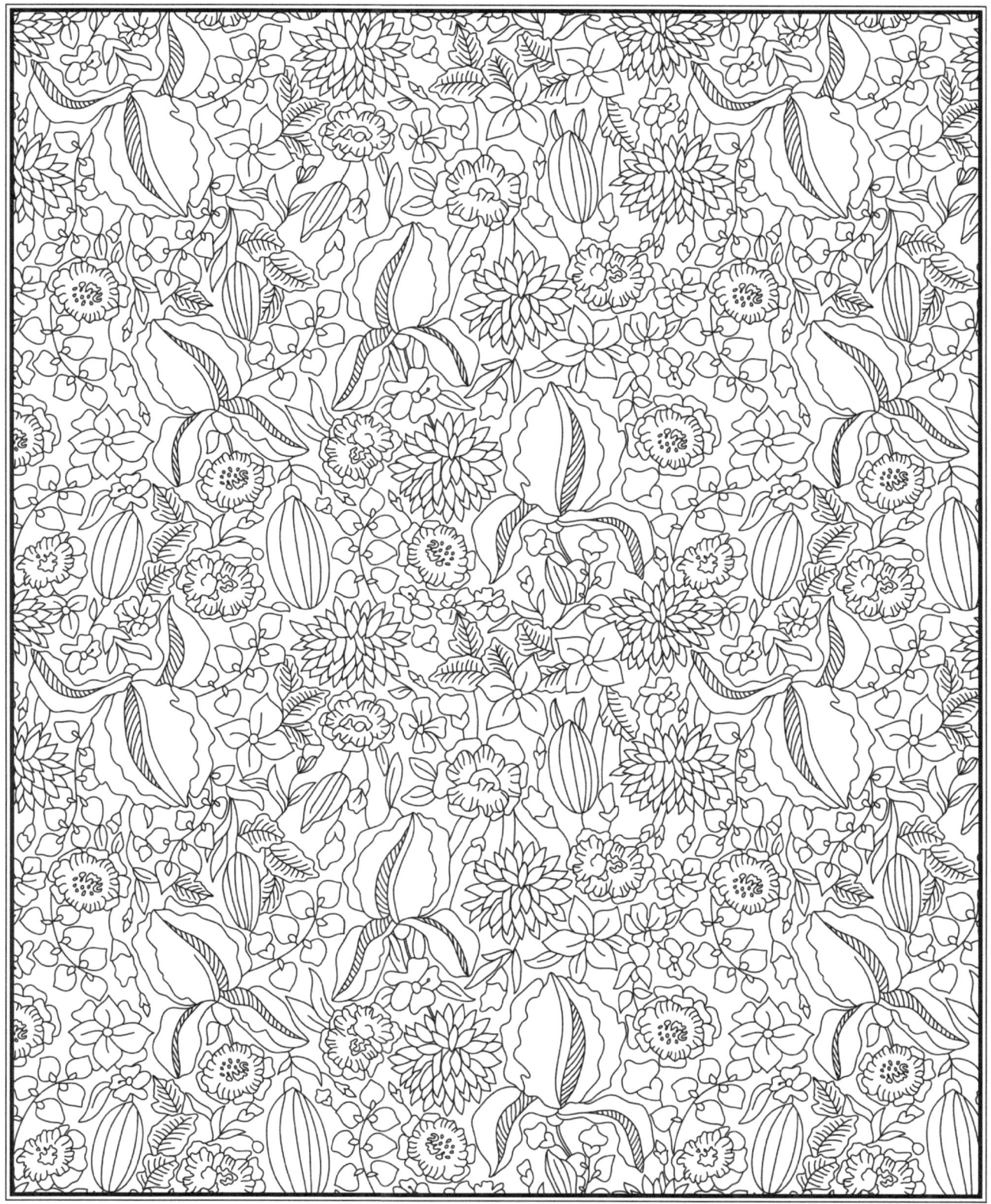

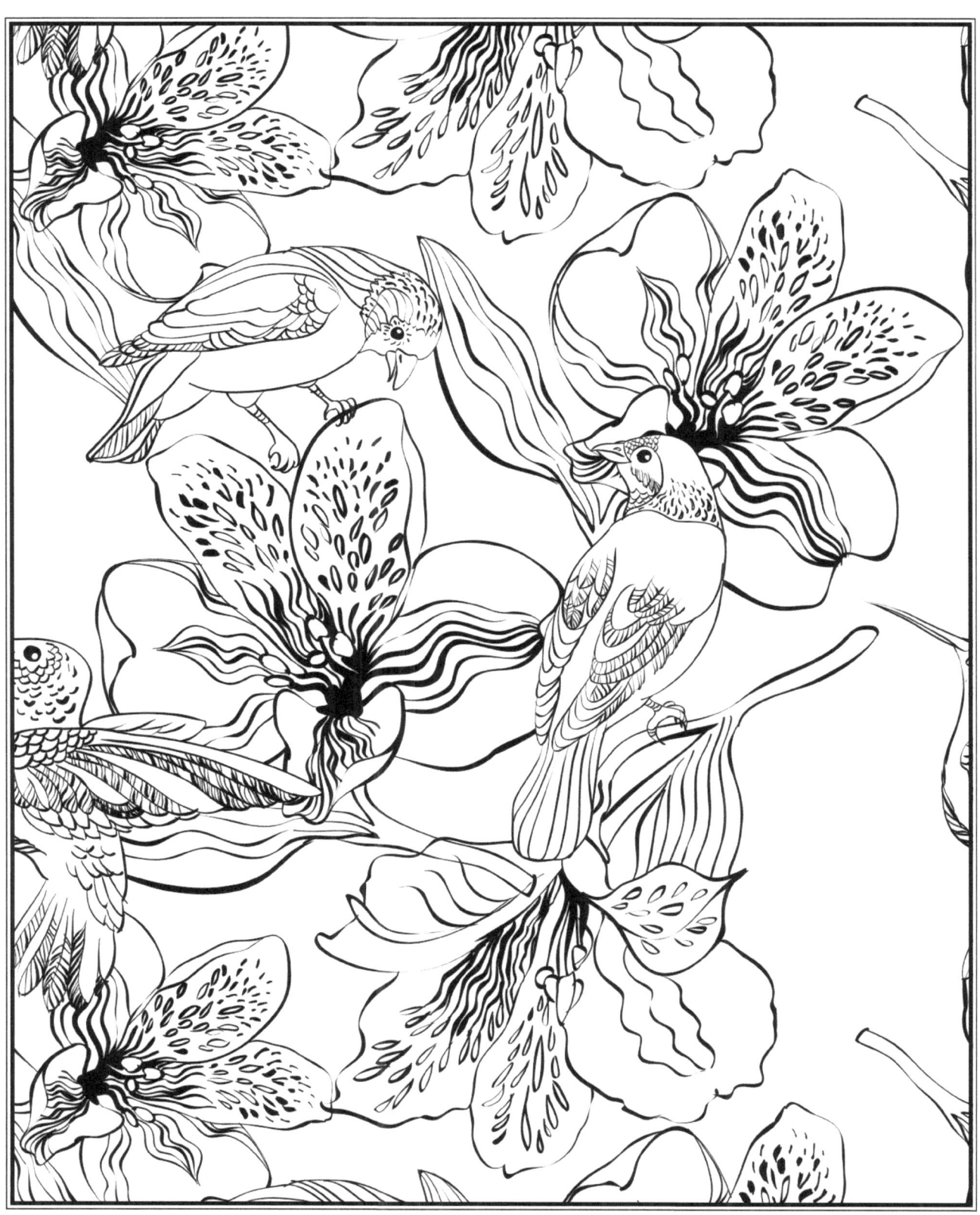

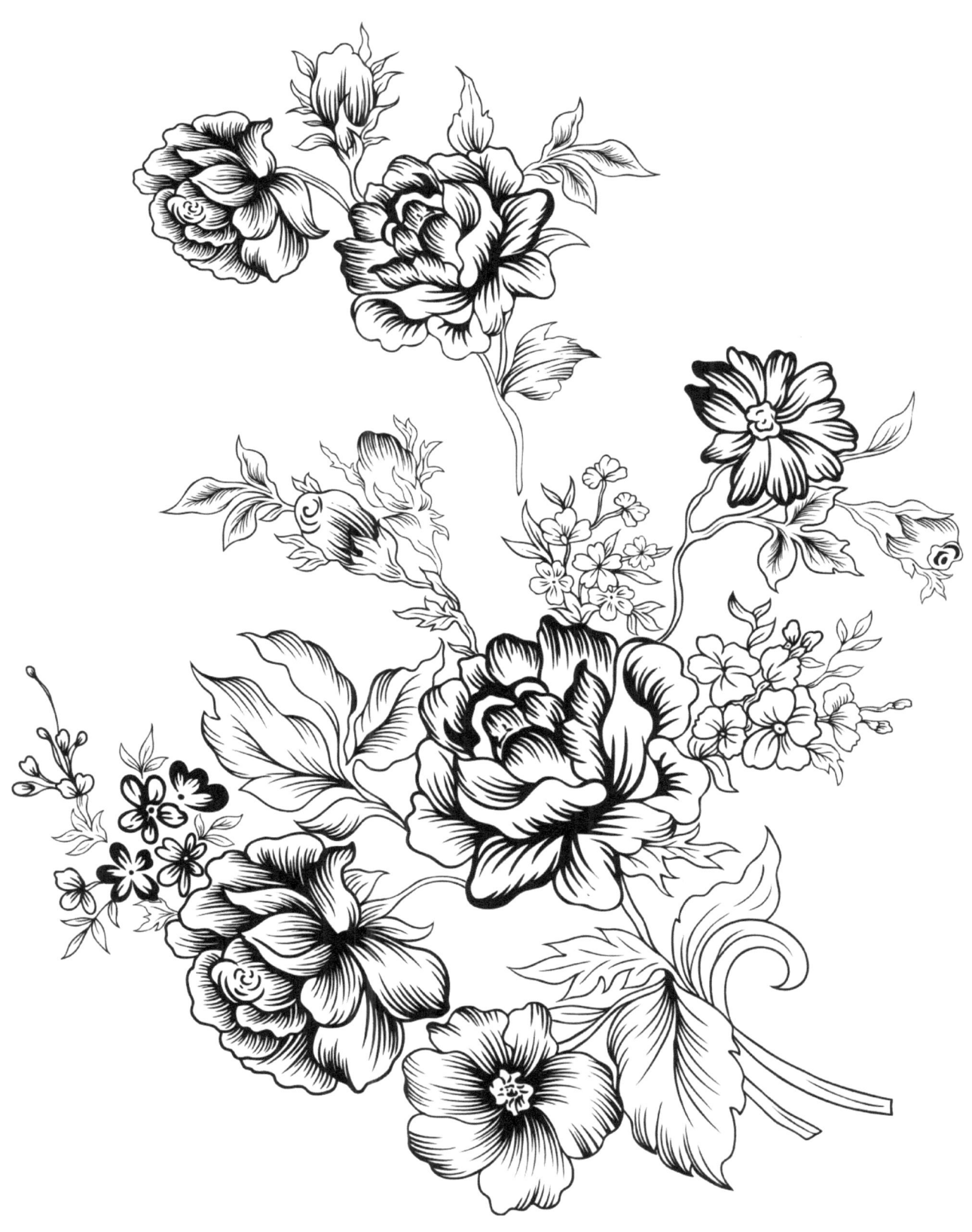

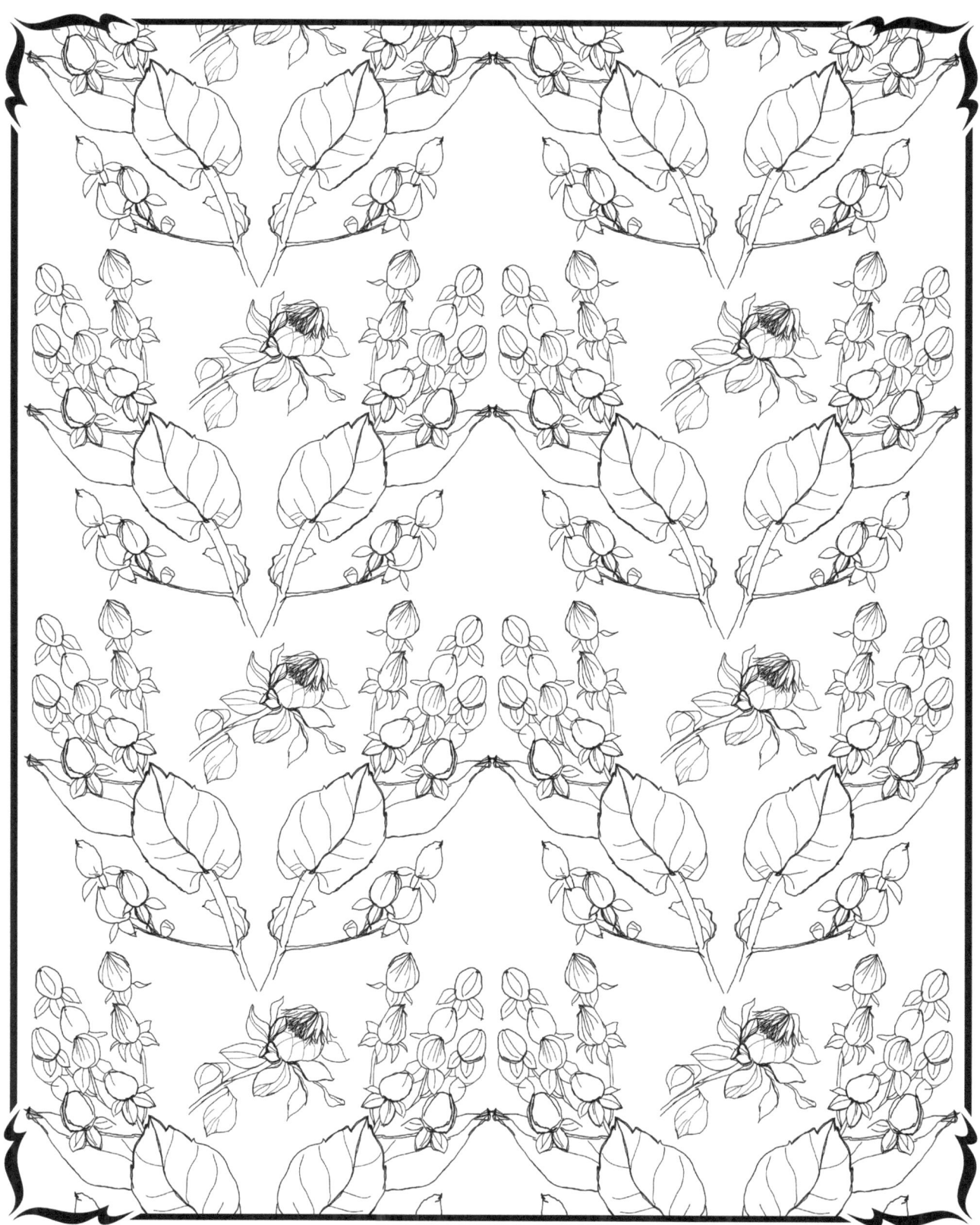

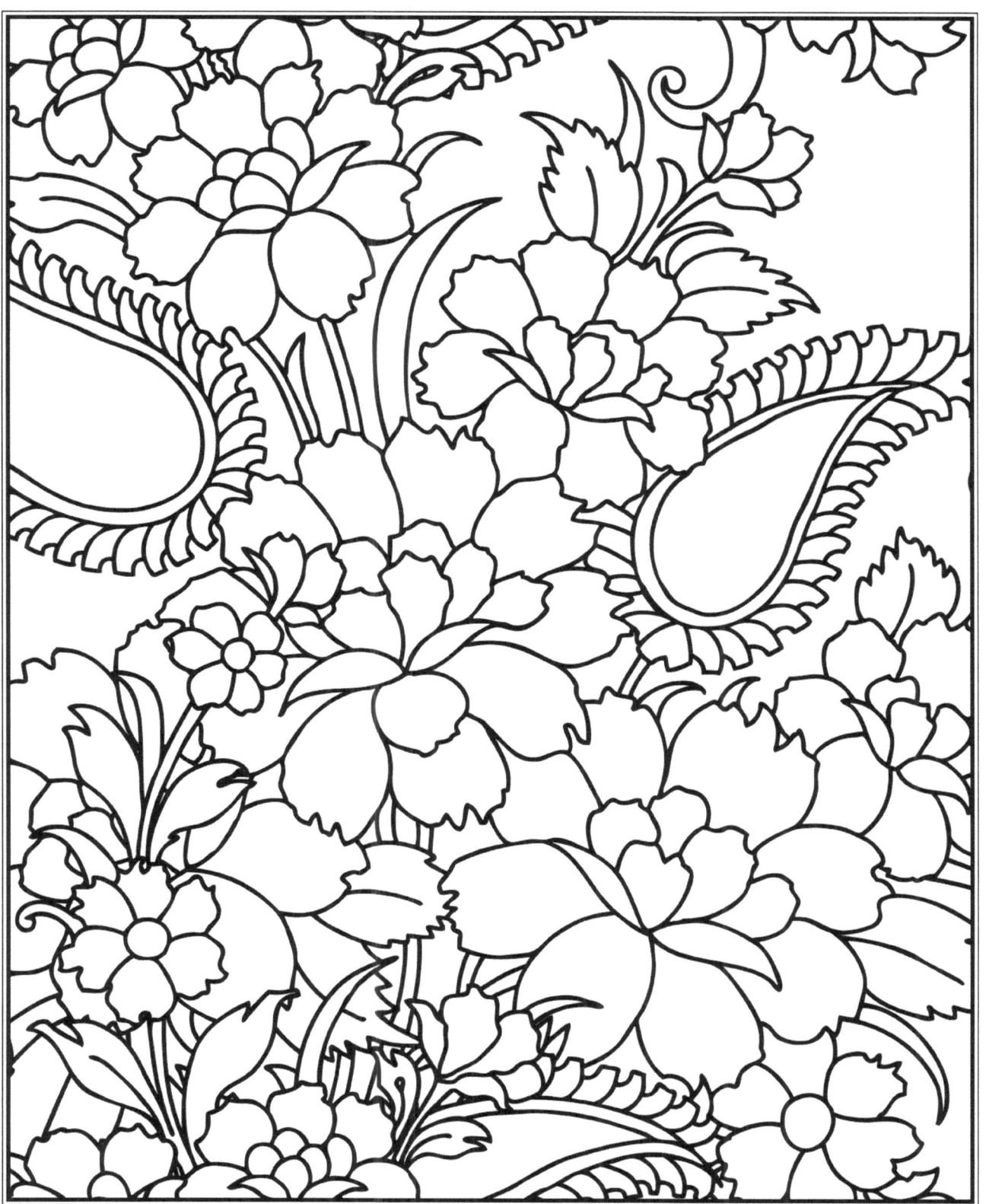

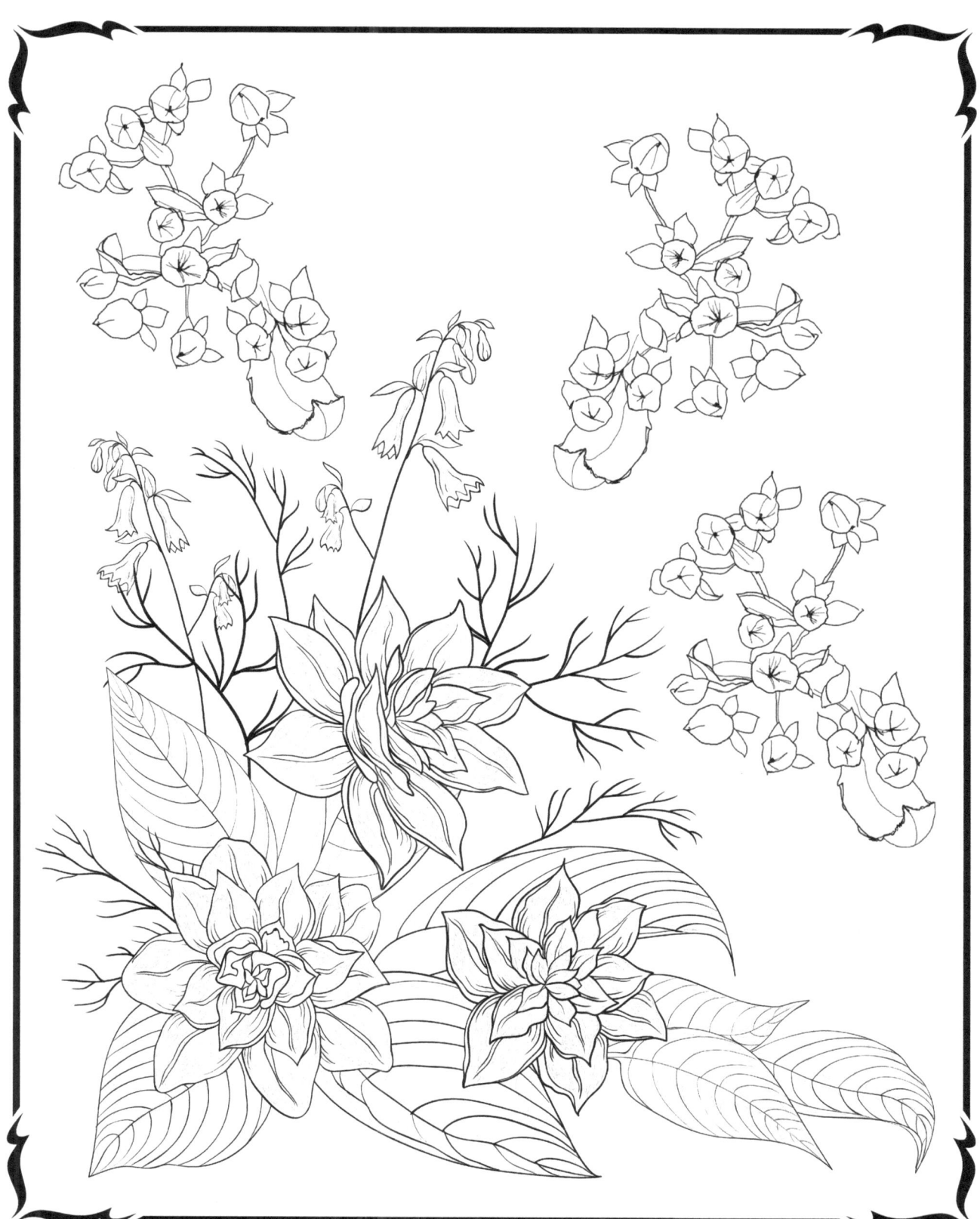

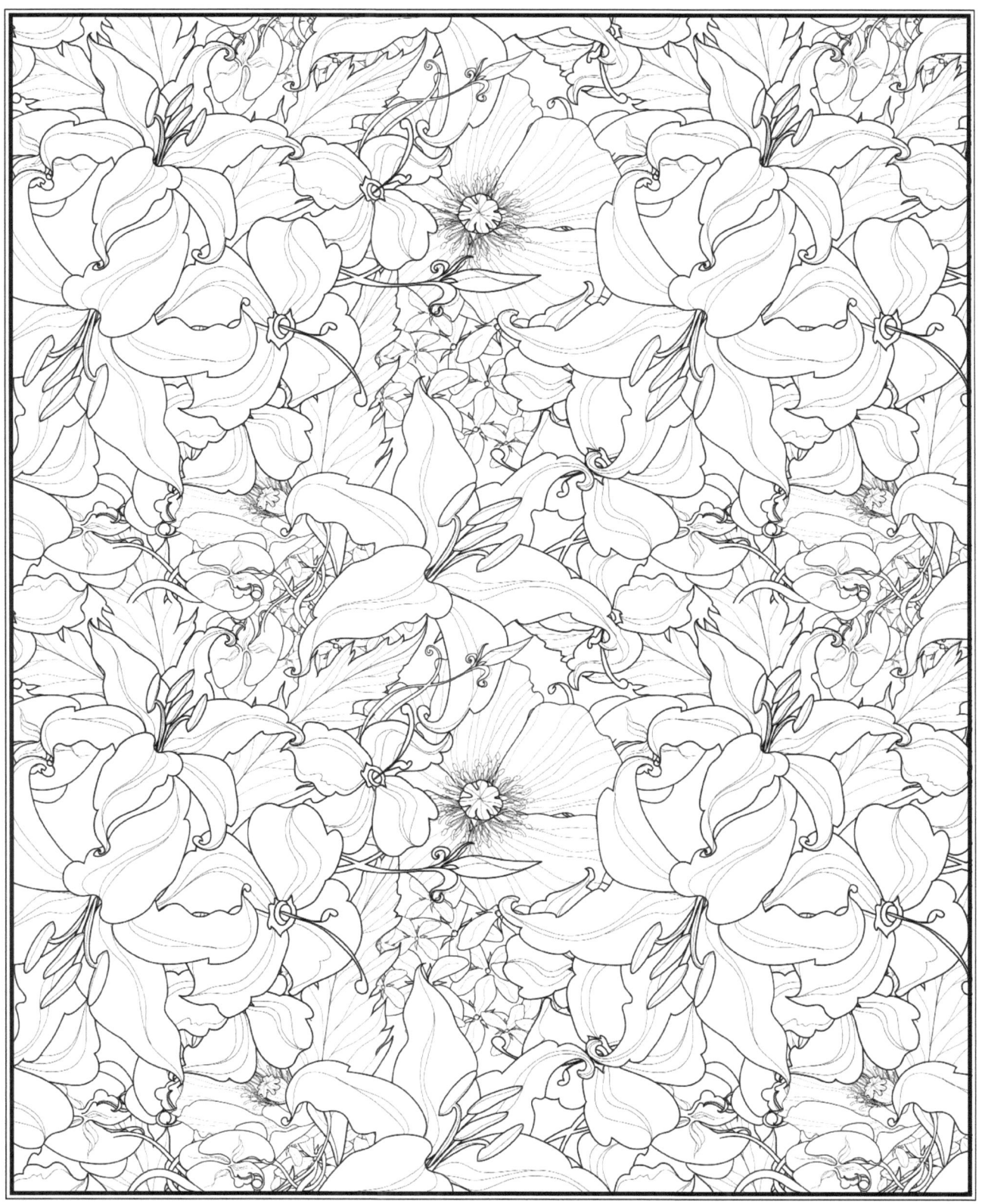

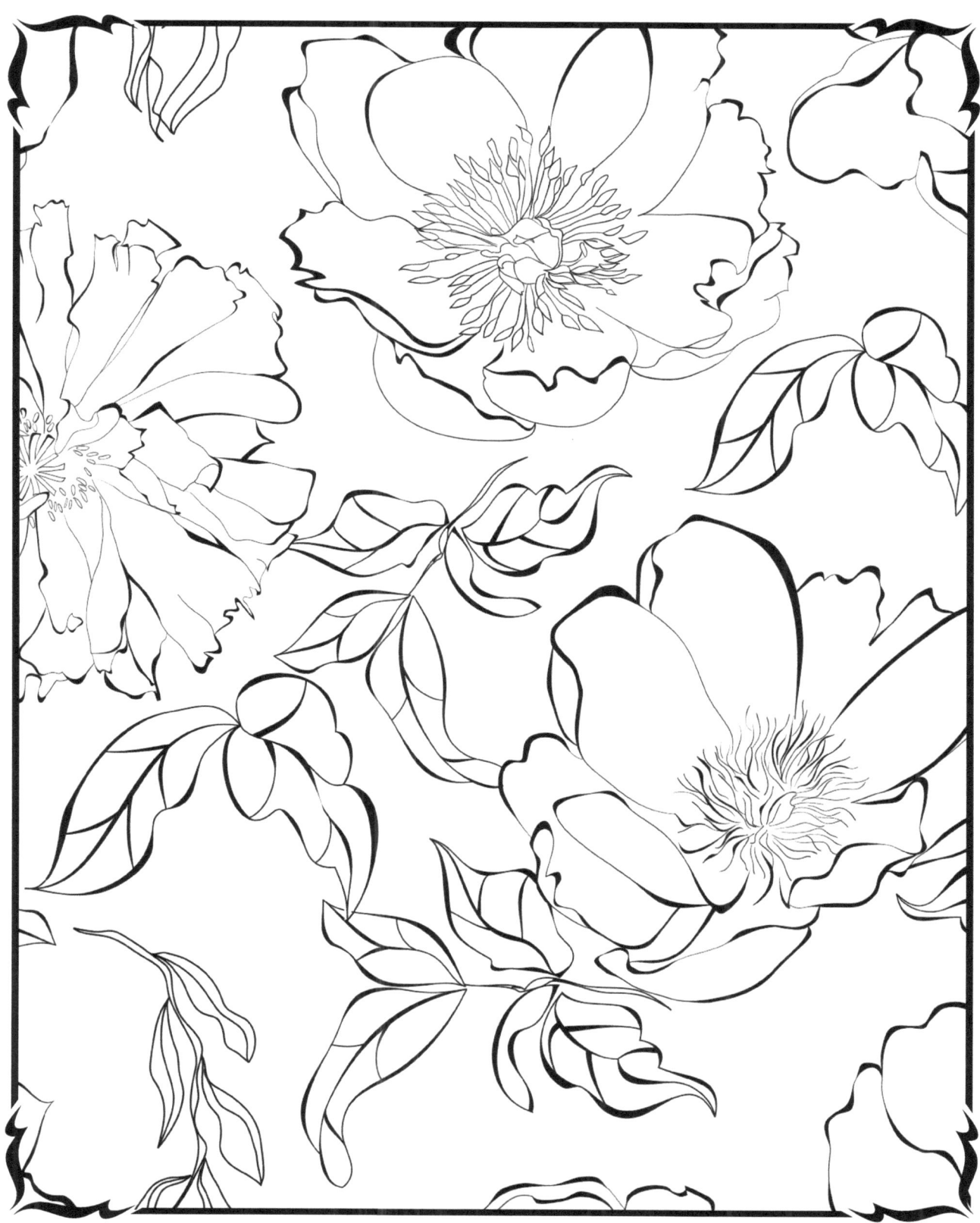

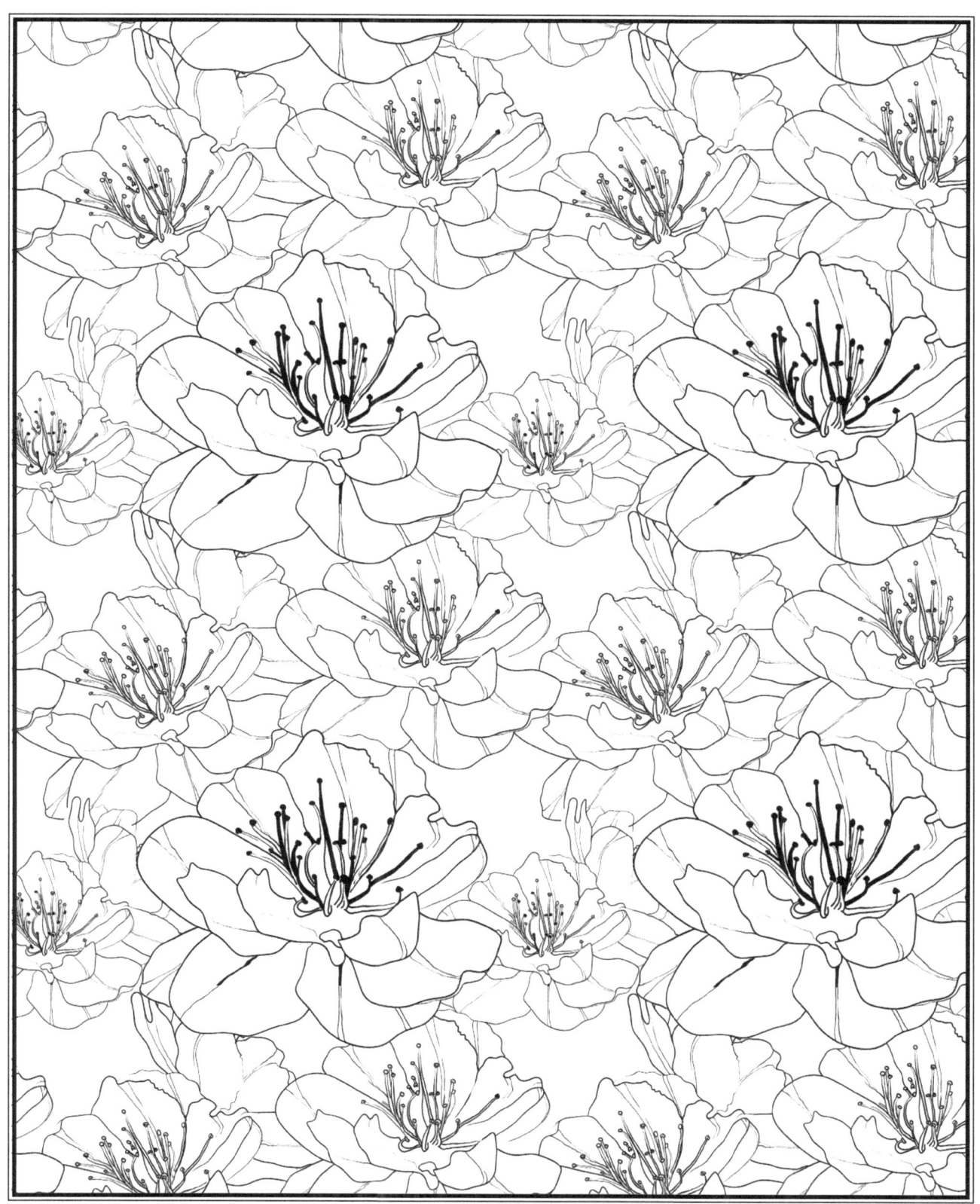

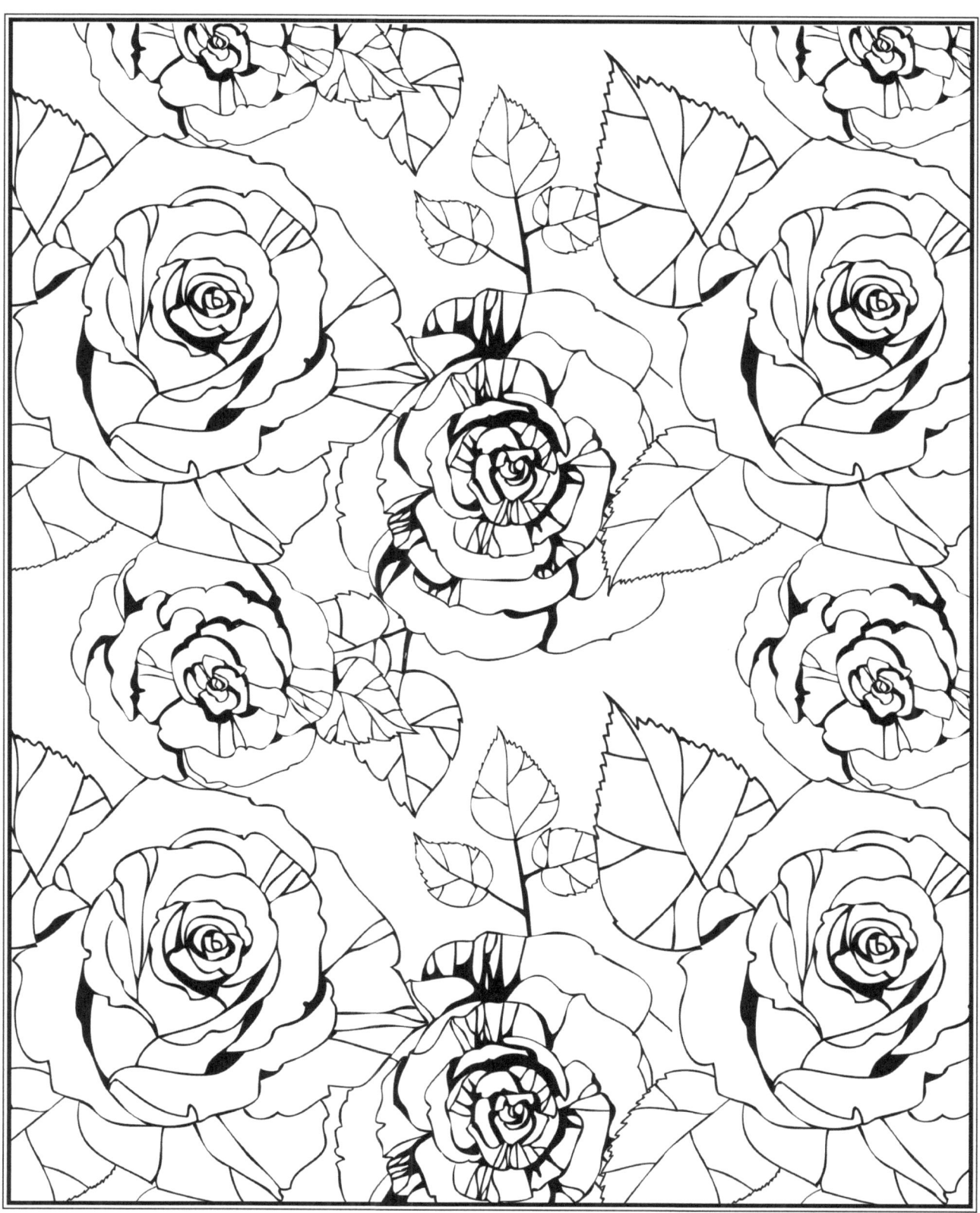

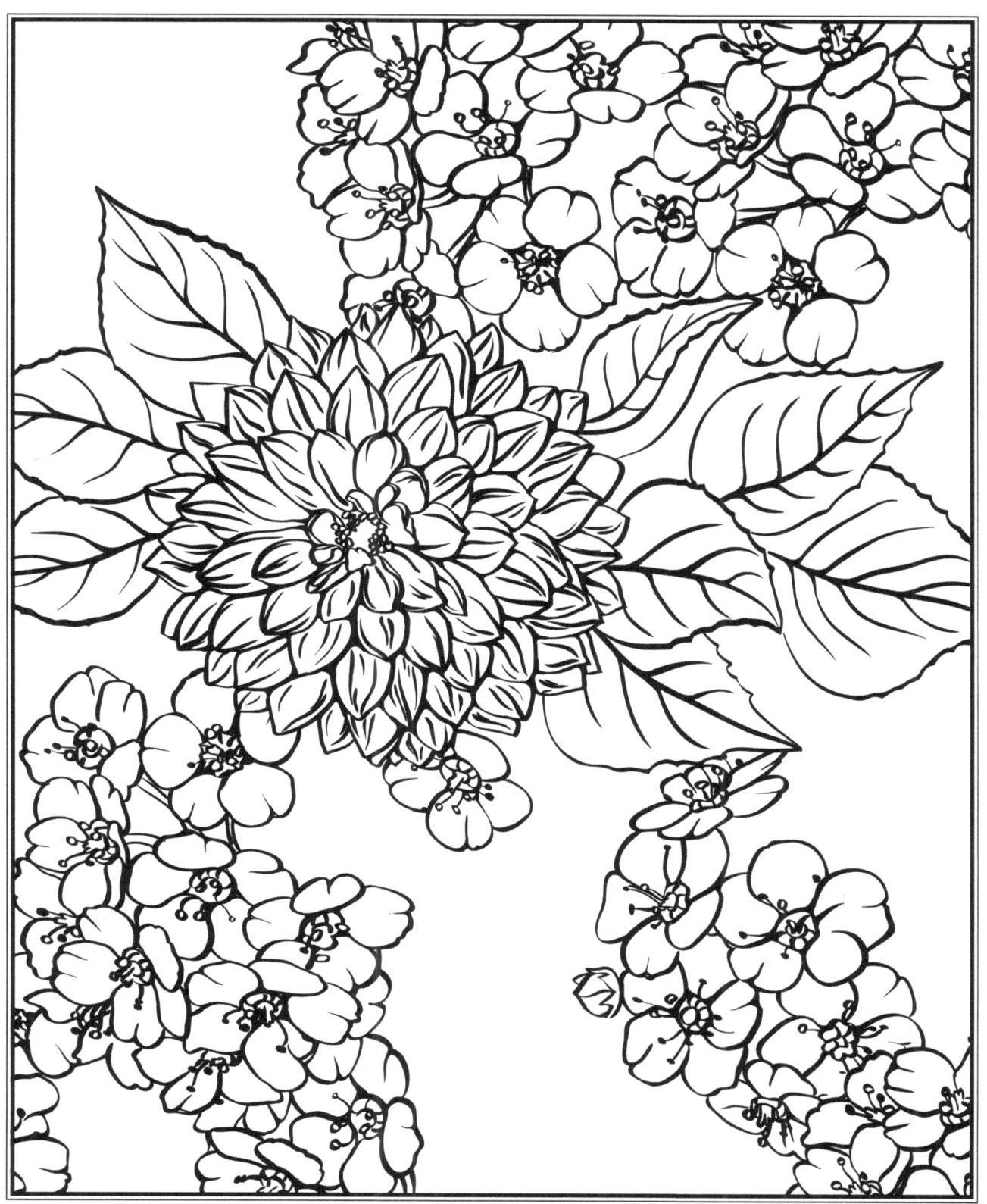

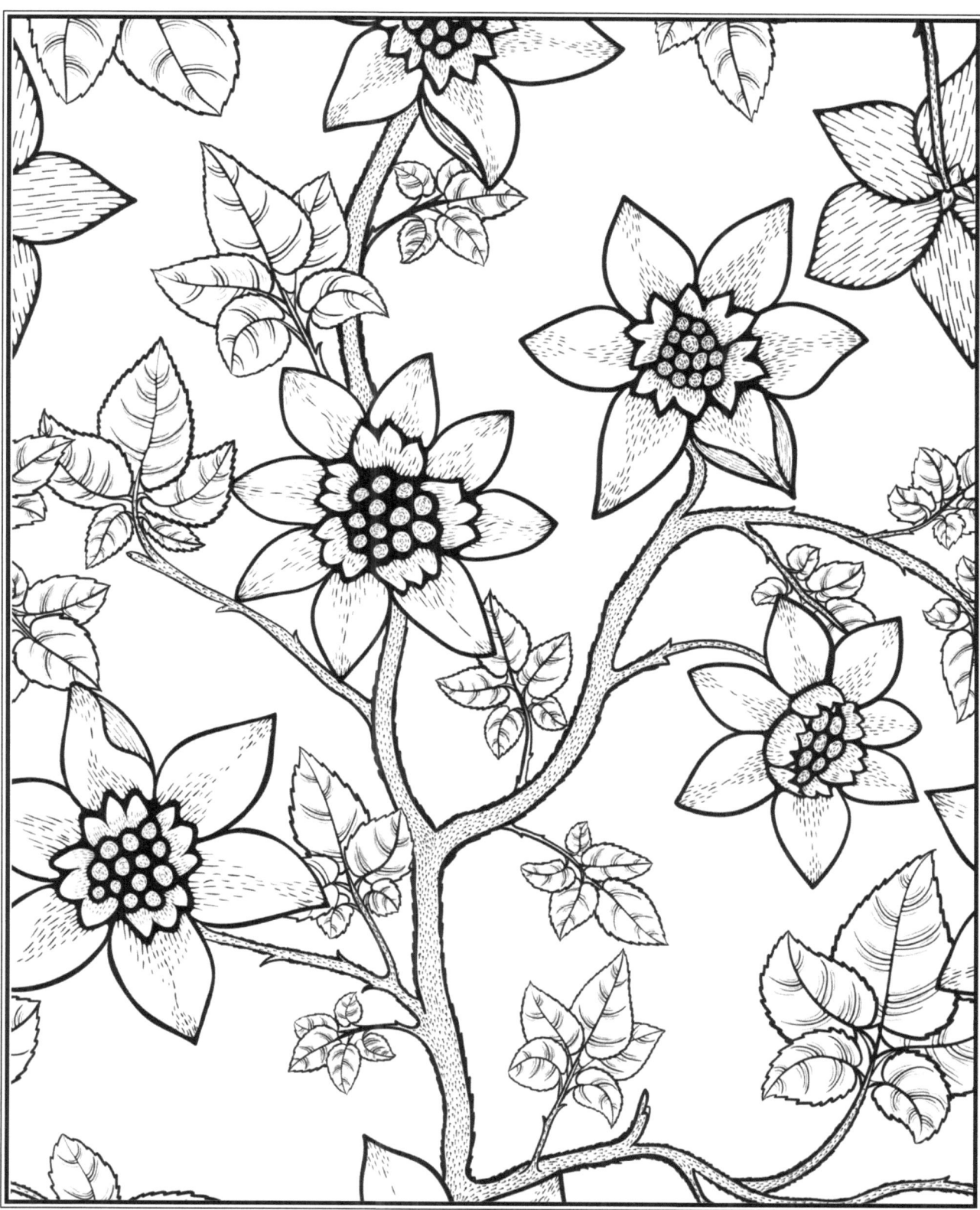